The Technic Mind of Read

상대방의
마음을 읽는 기술

유종문 편저

아이템북스

머리말

현대를 살아가는 우리들은 몹시 바쁘게 움직이고 있으며 이때 복잡하고 번거롭고 신경을 쓸 일이 많이 발생한다. 복잡한 현대를 살아가려면 생존경쟁이 치열한 사회에서 대인 관계를 결코 무시할 수 없다.

우리들은 아침에 눈을 뜨면 많은 사람들을 만나고, 그 만남으로 인해 좋은 일이 이루어지기도 하고 실패하기도 한다. 일의 성패는 사람과 사람의 만남으로 이루어지며, 사람들이 저마다 벌이는 일은 마음 속에서 움트고 곧장 행동으로 나타난다.

이러한 시대에 슬기롭게 대응하기 위해서는 대인 관계를 자신에게 유리하게 전개하여 상대방의 마음을 읽는 비법을 알아내는 것이 가장 중요하다.

상대방의 목소리 · 옷차림 · 얼굴의 생김새 · 표정, 그리고 몸짓 등 미세한 상대방의 움직임을 통해 감정의 변화와 심리 상태를 꿰뚫는 비법을 알면 대인 관계는 부드러워지고 자신이 원하는 상담, 상사를 대할 때, 그리고 애인을 만나고 사귈 때 많은 도움이 될 것이다.

이 책은 심리학을 바탕으로 우리들의 일상 생활에서 발생하는 인간의 심리를 누구나 쉽게 읽을 수 있는 비법을 구체적이고 실제적으로 수록한 대인 관계의 생활지침서이며, 상대방의 마음을 읽어 사람을 능숙하게 다룰 수 있는 현대의 인간병법서이다.

차례

머리말 · 3

1. 누구나 할 수 있는 마음을 읽는 기술

마음을 읽는 기술 · 11
오늘을 살아가는 인간 병법 · 11
어린아이의 마음을 읽는 기술 · 13
사회생활에 꼭 필요한 마음을 읽는 기술 · 16
거짓말을 할 수 없다면 · 17
상대방의 버릇이나 변화로 마음을 읽는다 · 19
상대방의 감정을 탐색하는 비법 · 20
점쟁이가 상대방의 마음을 읽는 방법 · 21
마음을 읽는 방법과 명연기 · 25
관찰과 추리로 마음을 읽는다 · 27

2. 상대방의 겉모습으로 마음을 읽는다

상대방의 표정으로 마음을 읽는 비법 · 33
상대방의 눈의 움직임으로 마음을 읽는다 · 33
상대방의 코의 움직임으로 마음을 읽는다 · 38
상대방의 입의 움직임으로 마음을 읽는다 · 41
무표정과 경련 현상으로 마음을 읽는다 · 42

생리적 변화로 상대방의 마음을 읽는다 · 44
눈물로 마음을 읽는다 · 44
땀으로 마음을 읽는다 · 46

입 안이 마르는 것으로 마음을 읽는다 · 47
호흡의 변화로 마음을 읽는다 · 48

언어와 동작으로 마음을 읽는다 · 49
상대방의 말의 변화로 마음을 읽는다 · 49
상대방의 손발의 움직임으로 마음을 읽는다 · 54
상대방의 말씨로 마음을 읽는다 · 57
비평은 곧 자신을 말한다 · 59
상대방의 버릇이나 습관으로 마음을 읽는다 · 59
상대방의 마음을 읽어 바둑을 이긴다 · 61

3. 일반적인 성격 판단

상대방의 옷차림과 소지품으로 마음을 읽는다 · 67
상대방의 옷차림과 소지품은 자아의 연장 · 67
옷차림에 빈틈이 없는 남자 · 69
빛깔로 본 사람의 성격 · 72
여성의 옷차림과 소지품으로 성격을 판단한다 · 74

상대방의 모습과 체형으로 성격을 읽는다 · 76
몸매와 성격 · 76
조울질의 성품 · 80
조울질의 비즈니스 상대와 조울질의 여성 · 81
분열질의 성품 · 85
분열질의 비즈니스 상대와 분열질의 여성 · 87
끈끈하게 달라붙는 체질의 성품 · 91
끈끈하게 달라붙는 체질의 비즈니스 상대와 끈끈하게 달라붙는 체질의 여성 · 92
얼굴의 유형과 성품 · 97

순수 팽창형 · 98
긴장 팽창형 · 99
측면 수축형(단단한 직사각형의 얼굴) · 100
전면 수축형(얼굴의 윤곽과 눈, 코 등이 오똑하고 선이 굵다) · 101
기저 수축형(이마가 넓은 역삼각형의 얼굴) · 102

4.인간형에 의한 마음을 읽는 기술

인간형으로 마음을 읽는다 · 107
부자와 가난한 사람 · 107
낙관적인 사람과 비관적인 사람 · 111
착한 사람과 악한 사람 · 114
인텔리와 비인텔리 · 118
지배자형의 사람과 비지배자형의 사람 · 122
옹고집쟁이 인간 · 125
에고이스트 · 127
몹시 까다로운 사람 · 128
몹시 오만한 사람 · 130
거드름을 피우는 사람 · 131

5. 상대방의 잠재심리를 읽는 비법

잠재심리를 읽는 기술 · 135
착각에 의한 잠재심리의 판단 · 135
음주에 의한 심층심리 · 137
자동차 운전으로 열등 의식을 알 수 있다 · 138
열등 의식은 가면을 쓴다 · 140

겁쟁이는 이런 가면을 쓴다 • 143
섹스 이야기를 회피하는 남자는 욕구불만이 있다 • 145
인재를 판단하는 방법 • 147
상대방의 시선으로 마음을 읽는다 • 149

6. 상대방을 유도하여 마음을 읽는다

상대방을 유도하여 마음을 읽는 기술 • 155
자신의 비밀을 고백하여 상대방의 마음을 읽는다 • 155
기선을 제압한다 • 157
넘겨 짚어 고백케 한다 • 160
감정에 호소한다 • 165
불안을 자극한다 • 167
장소와 분위기를 바꾼다 • 169
상대방의 말에 장단을 맞춘다 • 171
상대방의 의견을 반대하여 설득한다 • 172
우월감을 갖게 한다 • 174
욕망이나 취미로 상대방을 추리한다 • 176

7. 여성의 마음을 읽는 비법

여자의 마음을 이렇게 읽어라 • 183
여자를 다룰 수 있는 자격 • 183
첫째는 칭찬, 둘째는 박력, 셋째는 무드 • 186
여자를 설득하는 방법은 여자가 잘 안다 • 196
여자 마음을 잘 알아 두자 • 204
언제나 사람을 기대하는 여자의 마음 • 205

호기심과 여자의 마음 • 206
남자와 여자의 마음 • 208
여자를 유혹하는 세 가지 방법 • 209
모성애에 호소하라 • 209
여자의 공상력을 자극하라 • 210
라이벌 작전 • 211
애인의 관심도를 아는 방법 • 213
여자의 수치심을 없애라 • 214
여자의 '부정 반응을 어떻게 다룰 것인가 • 216
구애의 말 • 217
유혹당하기 쉬운 여자 • 218

8. 상대방의 마음을 읽어 잘 다루는 방법

상대의 반응을 살펴라 • 223
긍정 반응과 부정 반응 • 223
첫인상은 몹시 중요하다 • 224
독선이나 반감을 품은 상대 • 225
설득은 이론보다 감정으로 • 226
여자를 다루는 방법 • 227
엘리트를 다루는 방법 • 228
상대방의 약점을 이용하라 • 231

부록 _ **처세와 교훈** • 233

I

누구나 할 수 있는 마음을 읽는 기술

현대는 몹시 번거롭고 복잡한 일이 많이 발생하고 있다. 때로는 여러 가지 인격이 강요되고, 본의 아니게 거짓말을 해야 할 때도 있으며, 그리고 거래할 일도 많다. 이러한 시대에 슬기롭게 대응하고 더욱이 대인 관계를 유리하게 펼치려면 상대방의 마음의 움직임이나 흐름, 기분의 변화와 잠재의식 그리고 심층심리를 아는 것이 가장 중요하다.

마음을 읽는 기술
The Technic Mind of Read

오늘을 살아가는 인간 병법

상대방의 마음을 읽는 기술이란 무엇인가? 이것을 묻는 친구들의 질문에 대해 나는 이렇게 대답하였다.

"그것은 상대방의 마음을 읽는 재주"라고 말했다.

내가 말하는 것은, 사람들이 어딘지 신비롭고 수상쩍은 방법, 예를 들면 주술사나 마술사가 주문을 외우면서 상대방의 마음을 읽어 내는 방법이나, 상대방의 소지품을 알아맞히는 따위의, 투시술 같은 것이 결코 아니다.

그리고 역술가가 관상이나 수상, 사주 등에 의해 상대방의 마음과 과거·현재·미래의 처지나 성격, 고민 따위를 알아맞히거나 탐색하는 것이 아니다.

상대방의 마음을 읽는 법이란 그와 같은 주술사·마술사·역술가에 의한 투시적인 방법과는 달리, 훨씬 더 과학적인 방법이라 하겠다. 여기에는 속임수나 눈가림도 없으며, 인상이나 사주 풀이에 의존하지도 않는다.

상대의 마음을 읽기 위해, 상대방의 생년월일을 물어 보거나 손금을 보여 달라고 해서 상대방의 마음을 판단할 수는 없을 것이다.

설령, 그 사람의 생년월일이나 손금을 알 수 있다 해도, 그것으로는 주어진 상황에서 시시각각으로 변화하는 인간의 마음의 움직임을 알 수 있을 것인가.

관상이나 수상으로 알 수 있는 것은, 일반적인 성격 및 그 성격에서 유추되는 심리 정도가 고작일 것이며 또한 그렇게 해서 얻은 결론에는 어떤 반증이나 설득력도 없다는 것을 깨닫게 될 뿐이다.

현대는 갖가지 신경이 번거로운 일이 많은 복잡한 시대이며 때로는 여러 가지 인격이 강요되고, 본의 아니게 거짓말을 해야 할 때도 있으며, 또한 거래할 일도 많다.

이런 시대에 슬기롭게 대응하여, 대인 관계를 자신에게 유리하게 전개하려면 상대방의 마음의 움직임이나 흐름, 기분의 변화와 잠재 의식 그리고 심층심리를 아는 것이 가장 중요하다.

그러나 사람의 마음을 읽는 방법으로서 영감이나 점괘에 의존한다는 것은 몹시 불안스럽다. 보다 더 구체적으로 정확, 신속하게 때와 장소와 경우에 슬기롭게 대응하고, 가능한 한 가장 쉬운 방법으로 사람의 마음을 읽을 수는 없을까.

이제부터 내가 전개하는 방법이야말로 이러한 요구에 빈틈없이 대응하는 '적을 알고 나를 알면 백 번 싸워도 위태롭지 않다'는 현대의 인간 병법을 설명하겠다.

어린아이의 마음을 읽는 기술

어린이는 마음을 읽는 기술의 명인이다. 이렇게 말하면 의아스럽게 생각할지 모르지만 마트 같은 데에서 우리들은 흔히 이런 장면을 목격하게 된다.

"엄마, 내가 스물을 셀 때까지야. 그렇잖으면 난 멋대로 가서 길을 잃고 말 거야."

식료품 판매장에서 어떤 식품을 살까 망설이기만 하는 엄마는 장난감을 안은 네다섯 살쯤 돼 보이는 아이에게 빨리 끝내라고 독촉을 받는다. 아마 이 아이는 길을 잃으면 안 된다는 말을 평소에 단단히 한 어머니의 심리를 역이용한 듯한 낌새였다.

"조금만 기다려라, 곧 끝낼 테니까."

엄마는 아이를 달래며, 식품을 고르고는 식품이 신선한지 살펴보기에 정신이 없다. 이때 아이는 곧 하나, 둘……하고 세기 시작했다.

"엄마, 이제 열다섯이야. 얼마 안 남았어."

점원과 아이 엄마의 표정도 몹시 심각하였다.

"엄마. 스물이야. 아직 못 정했으면 난 가 버릴 테야."

아이는 엄마를 지켜보면서 조금씩 뒷걸음질을 쳤다.

"애야, 안 돼."

이때 당황한 엄마는 식료품을 팽개치고 아이의 손을 잡으러 간다.

"엄마, 벌써 셌는걸. 무척, 따분해."

"조금만 더 기다려 줘. 이제 곧 끝나니까."

"싫어, 벌써 얼마나 됐는데."

이때 아이의 흥정이 시작되었다. 이때 마트의 둘레에 사람들이 많았기 때문에 아이를 꾸짖어 끌어올 수도 없었다.

이 아이는 자신 스스로가 납득하기 전에는 쉽사리 말을 듣지 않는다.

"장난감을 사 줬잖니. 엄마 말도 들어주어야지……."

"비행기를 사 줘야지, 뭐."

비행기 장난감에 대한 요구가 아이의 입에서 튀어나왔다.

엄마의 말소리는 작았으나, 아이의 목소리는 거리낌이 없다. 그 뒤에 엄마의 설득은 계속되었으나 결국은 아들에게 질 수밖에 없어.

"하지만 이번뿐이다. 알겠지."

마침내 엄마는 아들에게 꺾이고 타협은 이루어졌다.

이러한 일을 상대의 마음을 읽는 입장에서 생각하면 매우 흥미롭다. 엄마의 심리를 이용한 아이의 완전한 승리이었다.

아이는 스물까지 센다는 것으로 엄마에게 은근히 압력을 가하는 한편, 자신이 길을 잃으면 난처해지는 것은 자기뿐만이 아니라 엄마도 애를 먹을 것이라고 꿰뚫어 본 것이다. 엄마는 아이가 길을 잃는다는 것에 대해 몹시 경계했던 것이리라. 아이가 뒷걸음질을 치면서 엄마의 표정을 살피는 솜씨가 매우 능란했다.

아마 집에서였더라면 아이의 작전은 제대로 들어맞지 않았을지도 모르나 장소가 마트이고 남의 눈이 많아서 아이의 요구도 관철되기가 쉽다. 그리고 식료품을 사기 위한 쇼핑을 하고 있을 때는 아이를 대하는 마음이 약하다는 것을 아이는 잘 알고 있었던 것이다.

어린이는 이러한 경우에, 엄마의 마음을 경험적으로 잘 알고 있다. 때문에 평소에는 아들의 잠든 얼굴밖에 보지 못하는 아버지일수록 일요일이 되면 아이에게 그 동안의 미안함 때문에, 아이의 요구를 순순히 받아들여 평소의 소원했음을 회복하고자 하는 광경이 우리들 가정에서 전개된다.

또한 어린이는 부모의 기분이 좋을 때와 나쁠 때를 잘 알고 행동한다. 자식을 부모만큼 아는 사람은 없다는 말도 있지만, 어린이는 부모의 마음을 잘 알고 있으며 그리고 부모에 관한 한, 어린이는 마음을 읽는 명인이겠다.

사회생활에 꼭 필요한 마음을 읽는 기술

부모와 자식 사이, 그리고 부부 사이에서의 마음을 읽는 방법에는 약간의 거짓이나 거래가 있다 해도 이해 관계가 초월되고, 악의나 상대방을 다치게 하는 일이 없기 때문에 대수롭지 않다. 그리고 친구끼리도 서로 마음을 잘 알고 상대방의 성격까지도 잘 이해하고 있기 때문에 마음의 움직임을 눈치 채기가 어렵지 않다.

결혼한 지 오랜 부부 사이라면 말을 주고받지 않아도 마음이 전달되고 친구끼리 눈만 끔뻑여도 마음이 통한다. 그러나 주변이 언제나 이런 사람들뿐이라면 새삼스럽게 마음을 읽는 기술 같은 것은 들먹일 필요가 없다.

그러나 현실은 어떤가. 현대란 매우 복잡하기 마련이다. 자신의 희로애락을 표현하여 마음 속을 솔직히 드러낼 수 있는 상대만 있지는 않다. 상대방의 태연스런 표정 속에 어떠한 노여움이나 적의가 도사리고 있는지 모른다. 만약 당신이 세일즈맨이었다면 냉정한 상대방에게 미소로서 응대해야 할 것이다. 또한 월급쟁이라면 상사에게 야단을 맞거나, 하기 싫은 일을 명령받아도 겉으로는 기꺼이 받아들일 자세를 취할 것이다.

사회생활하는 데 이와 같은 일이 많이 발생한다. 그렇다고 해서 '억지 부리는 데는 당할 수가 없다' 느니, '바람 부는 대로' 하는 식의 생각이나 추종을 권할 생각은 없다. 상대방의 기선을 제압하면 남보다 앞설 수 있다는 말은 흔히 듣는 말이고, 이것을 마음을 읽는 데 이용하여 상대방의 마음을 알 수 있다면, 쓸데없는 억지에 굴복하거나 힘센 자에게 항복하지 않아도 된다. 상사의 마음의 움직임을 눈치 채기에 따라 화근을 모면할 수 있기 때문이다.

거짓말을 할 수 없다면

현대 사회는, 마치 속이기 경쟁 같은 일들이 계속되고 있다. 그 중에서 가장 큰 것으로는 거짓말을 하는 것을 꼽을 수 있다. 이 거짓말에도 종류가 많아 사람에 따라서는 갖가지 자신이 편리한 대로 써먹기 마련이다.

공연스레 거짓말을 하는 사람. 곧 탄로날 거짓말을 하는 사람. 자신의 한 방법으로서 거짓말을 하는 사람. 거짓말을 한 자신과 자신이 진짜와 거짓말의 구별을 못 하는 사람. 자신의 병을 숨기기 위한 거짓말이 있는가 하면, 선의의 거짓말도 있다.

그러나 이런 때에 마음을 읽는 기술을 이용하면 쉽게 거짓말을 쉽게 판별할 수가 있다.

부장의 갑작스러운 죽음으로 영안실에서 밤을 새우는 다음 부장 후보인 과장은, 부장의 미망인에게 어떠한 인사를 할 것인가. 아마 그는 엄숙한 표정으로 부장의 죽음을 진심으로 애도하고 고인의 명복을 빌고 유족을 위로할 것이다.

그리고는 자신도 손수건으로 눈물을 닦는 시늉이라도 해야만 한다.

그런 때에 만약 인간이 거짓말을 전혀 할 줄 모르는 동물이었다면 어떻게 될 것인가. 아마도 과장은 눈물은커녕 기쁜 표정을 감추지 못하는지도 모르고 부장의 죽음을 기뻐하고 고인을 욕하며 명예에 상처를 입힌다. 만약에 이렇게 되면 큰일이 아닌가.

약혼한 여자가 싫증이 나서 딱지를 놓을 때, "너처럼 못생긴 여자와는 결혼할 생각이 없었다"고 거절한다면 그는 그녀에게 칼부림을 당할 것이다. 친구로부터 빚의 독촉을 받았을 때, '떼먹을 생각이었으니까 갚지 않겠다' 고 잡아떼면 싸움이 벌어질 것이다.

이처럼 인간은 살아가면서 약간이나마 거짓말을 하는 일이 있다. 영안실에서 밤샘을 하는 과장도 마음 한구석에서는 자신의 출세를 기뻐하는 마음이 없다고는 할 수 없을 것이며, 약혼자에게 등을 돌린 그도 본심으로는 그렇게 생각하고 있었는지 모르고, 빚을 그 사람은 속셈으로는 돈을 갚고 싶지 않았는지도 모른다.

그러나 세상은 그러한 부조리를 용납하지 않기 때문에 하는 수 없이 본심과는 달리 행동해야만 할 뿐인 것이다. 이때에도 마음을 읽는 기술을 이용하면 상대방의 마음을 미리 알아차려 재난을 피할 수가 있다.

상대방의 버릇이나 변화로 마음을 읽는다

누구나 알 수 있는 간단한 마음을 읽는 기술을 소개하겠다. 어느 날 복싱의 세계 선수권전이 텔레비전으로 중계되고 있는데 10여 명의 남자들이 커피숍에서 화면을 지켜보고 있었다. 그곳에서 일어나는 변화를 바라보노라면 사람마다 흥분과 긴장에서 오는 마음의 움직임을 거동·동작 언어로서 뚜렷이 알 수 있다.

먼저, 흥분과 긴장이 생리 현상으로 나타나는 것에는 어떤 자는 손에 땀을 쥐고 그 땀을 연거푸 바지에 문지르고 콧등에 많은 땀을 흘리는 자, 그리고 목이 말라 물을 연거푸 들이키는 자, 마른기침을 삼키며 입술을 부지런히 위아래로 놀리는 자, 흥분과 긴장으로 자주 화장실을 들락거리는 자, 소변을 참는 자, 등등의 광경은 우스꽝스럽다.

다음은 동작의 변화로 담배를 든 손이 조금씩 떨리고 있는 자, 화면에 열중하다 보니 입으로 호흡하는 자, 자기도 복서처럼 같은 동작을 하는 자, 표정이 달라지는 자, 말로서, "한번 더! 돌아, 돌앗!" "쳐라, 쳐!" 어쩌구 소리치면서 화면에 완전히 말려든 자도 있다.

이러한 저마다의 버릇이나 변화는 마음을 읽는 좋은 재료가 된다. 일상생활에서 이와 같은 현상은 찾아볼 수 없으나 긴장했을 때의 심리 상태를 완전히 숨긴다는 것은 인간으로서 매우 곤란하다. 대화 중인 상대의 콧등에 땀이 배어 나오면 긴장된 심리를 나타내는 것으로 짐작할 수 있으며,

겉으로는 냉정한 척해도 담배의 끝이 희미하게 떨리고 있을 때에는 흥분을 억제하고 있는 것으로 판단할 수도 있다. 마음을 읽는 기술은 그와 같은 미세한 변화를 포착하는 데서 시작된다.

상대방의 감정을 탐색하는 비법

당신의 직장에 요즘 들어 갑자기 아름다워진 여성은 없는가. 대체로 여자는 사랑을 하면 아름다워진다고 하는데, 그 변화를 쉽게 느낄 수 있다.

먼저, 화장의 방법이나 옷차림이 달라진다. 눈이 빛나기 시작하며 태도가 밝아진다. 주변의 남성에 대해서도 교태를 부리거나 수줍음의 표정을 나타내기도 한다. 그리고 웃음소리가 매우 호들갑스럽거나 몸을 비꼬며 자연스러운 교태를 느끼게 할 때는 틀림없이 애인이 생겼다고 추측할 수 있다.

이때 애인이 한방에 있을 경우에 그녀의 변화는 더욱 현저하게 드러난다. 일하는 중에 시선이 그쪽 방향으로 자주 돌아갈 것이며, 시선은 그의 움직임을 따라다니기 마련이다. 그가 상사 앞으로 가면 마음에 걸리고, 그가 사무실에서 나가면 돌아오기를 기다려 입구 쪽에 자주 신경이 쓰인다는 등의 모습이다. 그리고 단 둘이서 이야기할 때나 여럿이서 웃으며 이야기를 나눌 때, 그가 섞여 있기라도 하면 그녀의 변화는 평소와 달리 말을 더듬거나 얼굴은 발그레할 것이다.

여자는 사랑 그 자체를 사랑하고 그것에 모든 것을 바치지만, 남자는 연애는 연애에 불과한 것으로 여기며, 설령 연애 중인 남녀가 굳게 비밀을 지키자고 약속해도 그 비밀은 반드시 여자 쪽에 나타나는데, 이때 눈치 빠른 친구들은 당장에 알아차린다.

이때 눈치 빠른 사람은 이런 변화를 결코 놓치지 않지만, 무관심한 사람은 두 사람이 결혼할 때까지 전혀 몰랐다는 경우도 드물지는 않다. 이런 사람이 그들의 사이를 모르고 그 여자에게 데이트를 신청했다면 어떻게 되겠는가.

어떤 여자가 당신에게 호감을 갖고 있었다고 하자. 여자는 남자만큼 적극적으로 자신의 태도를 드러내지 않기 때문에, 기회를 엿보아서 자기의 감정를 드러내도 둔감한 당신은 눈치 채지를 못한다. 만약 이때에 마음을 읽는 기술을 이용하면 그녀를 그냥 보아 넘기지 않을 것이다. 반대로 끈질긴 여자의 사랑이라면 이것을 눈치 채면 재빨리 그녀로부터 도망칠 수도 있을 것이다.

점쟁이가 상대방의 마음을 읽는 방법

점쟁이가 마음을 읽는 기술을 잘 한다고 말할 수는 없다. 대부분의 경우 괴로움을 지닌 사람이 점쟁이를 찾아가기 마련이다. 점쟁이는 손님의 심리적 약점을 이용하기 때문에 사람의 마음을 잘 꿰뚫어 본다는 인상을 준다.

남자의 경우는 사업과 여자 문제에 대상을 좁히면 틀림이 없는 것이다. "당신은 여난의 상이 있소." 라는 말을 듣고 약간이나마 짐작이 가지 않는 남자는 적을 것이다. 여난은 그 범위가 넓기 때문에 바람피웠던 여자들을 떠올리거나, 심지어는 부부 싸움까지도, 때로는 여난의 범위에 들어간다. "당신은 사업에서 고민이 있소." 라는 말을 들어도 그런 면에서 고민이 없는 남자란 흔하지 않다. 누구에게나 사업의 고민은 따르기 마련이기 때문이다.

"약간 위험한 고비지만 아직 당신한테는 결정적 단계가 아닌 점괘가 나왔소."

이것은 점쟁이가 적당히 얼버무린 점괘라 하겠다. 결정적인 단계가 무엇을 가리키는지 전혀 구체적인 내용이 없어도 고맙게도 손님 쪽에서 점쟁이의 말을 적당히 해석하고 판단한다.

결정적 단계의 한계선을 어디에 긋느냐는 것은 각자의 마음 속의 척도가 정하는 것이므로 점쟁이에게는 책임이 없다. 따라서 사업에 크게 실패한 사람이라도 자기는 아직 결정적 단계에 이르지 않았다고 희망적으로 판단한다. 이것으로는 구체적인 것이 없기 때문에, 그럼 앞으로 어떻게 하면 좋겠느냐고 다시 파고들어 점쟁이에게 물으면,

"그것은 당신 마음먹기에 달렸소이다. 노력하면 한만큼의 보람은 있습

니다."

등등의 말로 얼버무린다. 이것만으로도 복채 3만 원쯤은 거뜬히 뜯기고 말 것이다. 여자 손님인 경우는 훨씬 더 간단하다. 오로지 얽히고 설킨 남녀 관계라든가, 나이가 든 중년부인 같으면 자녀의 진학 문제, 남편의 영전 등이 된다.

그리고 손님이 젊은 아가씨일 것 같으면

"당신은 애정 문제로 고민이 많으시겠습니다."

하고, 제대로 손금도 보기 전에 말을 꺼내면, 대개는 들어맞는다. 특히 여자는 암시에 잘 걸리기 때문에 그 다음부터는 다루기는 식은 죽 먹기이다.

"점괘는 상대방의 기분에 따라 좌우된다고 나왔소."

하기야, 남녀 간의 문제는 모두가 기분의 문제가 아니겠는가. 점쟁이의 엄숙한 얼굴을 보고 여자는 고개를 끄덕인다. 그리고 "결론은 당신이 노력하기 나름이오. 당신이 최선을 다하면 틀림없이 이 문제는 해결될 것이오. 그러나 아무래도 당신의 성의가 통하지 않는다면 그때는 단념하시오." 이 말은 터무니없는 소리지만 그래도 손님은 만족해서 돌아간다.

그뿐인가. 유복해 보이는 중년부인이 앞에 앉았다고 하자. 이런 때에는 계절과도 깊은 관련이 있는데 입시 시즌이 라면 더욱 그러하다.

"댁의 자녀에게 문제가 있습니다."

"어쩌면 그렇게……. 실은 막내놈 대학 시험이……."

"공부는 잘 하는 모양인데, 노력이 그만……."

"예, 작년에 낙방해서 1년 재수했는데 이번은 K대학이면 어떨는지……."

"어림없는 소리! Y대학을 보내면 틀림없소……."

"정말 그렇겠군요."

그들의 대화를 옆에서 듣노라면 요지경 속이다. 점쟁이가 묻기도 전에 이쪽에서 거의 전부를 털어놓았기 때문에 점쟁이는 삼류대학만 일러 주면 그것으로 끝난다. 이 중년부인은 점쟁이가 아니라 차라리 자녀의 담임선생을 찾아가는 편이 훨씬 옳았을 것이다.

국회의원 선거철이 되면 이런 광경은 더욱 가관이다. 점쟁이는 미리 전국구 후보자 명단이며 그들의 출신·약력·재력 등을 거의 외우고 기다린다.

"이번에 남편이……."

"어느 구에서 출마하시는지요?"

"K시입니다만."

"옳지, 그럼 그 아무게 아무게 회사……."

점쟁이는 이렇게 유도 심문을 한 뒤, 신문에 나온 당선 예상표를 전달해 주기만 하면 된다. 문제는 유도 심문의 사이사이에 상대방의 표정에 따라, 할 말을 간추려 들려주는 요령만 있으면 된다. 이처럼 점쟁이는 교묘하게 손님의 마음을 읽으면서 점점 유도해 나아간다. 점쟁이가 손님에 대해 충분한 마음을 읽을 수 있는 기술을 활용할 수 있다는 것은, 손님에게 고민이 있다는 심리적 약점이 있기 때문이다. 따라서 손님의 마음은 점쟁이에 대해 무방비 상태가 되어 그의 사소한 말에도 매달리려 하고, 믿으려 하는 마음이 작용하기 마련인 것이다.

마음을 읽는 방법과 명연기

M은 민사 전문의 젊은 변호사인데 그는 성실하고 제법 재치가 있어 친구 사이에 인기가 몹시 높다.

이 M이 언젠가 소송의뢰인에게 볼 일이 있어 번화가의 빌딩까지 직접 차를 몰았었는데, 근방에 차를 세울 만한 주차장이 없었다. 이 일대는 주차 금지 구역이었다. 어떻게 할까 잠시 망설인 그는 빌딩 앞에 차를 주차시켰다.

소송의뢰인과 한참을 이야기하다가 문득 창 너머로 보니 때마침 교통 경찰관이 자신의 자동차를 들여다보고 있는 것이 아닌가. M은 뛰쳐나가면서 머리를 썼다. 그는 바지 허리띠를 늦추고 와이셔츠 자락을 일부러 밖에 끌어낸 채 헐레벌떡 차로 달려갔다.

"대단히, 미안합니다. 마침 설사를 만나서, 아, 이젠 살았소이다."

M은 금세 바지를 끌어올리며 개운한 표정을 지어 보였다.

"여기는 주차 금지 구역입니다."

이 정도의 연기로는 교통경찰도 물러서지 않는다.

"나도 잘 알고 있습니다. 변호사이지만, 법은 어디까지나 지켜야 한다는 건 너무나 잘 알고 있습니다."

경찰관은 정중하게 사과하는 M의 표정을 살폈다. 그는 변호사 배지를 달고 있었다. 변호사와 경찰관이라면 관계가 깊다. 조금만 더 버티면 훈방까지는 간다. M은 계속 버텼다.

"법원까지 참으려 했으나 어찌나 설사가 대단한지, 그만 속옷까지 더럽혔지 뭡니까. 더구나 급한 김에 손도 씻지 못하고 나왔습니다……."

그렇게 말하면서 M은 손가락의 냄새를 맡는 시늉까지 해 보였다. 그야말로 명연기였다.

"알겠습니다. 앞으로 조심하십시오."

경찰관은 약간 얼굴을 찡그리고는 M을 놓아주었다.

M은 적지 않은 벌금과 몇 시간의 시간적 낭비를 모면했다. 이것은 마음을 읽는 방법을 악용한 예가 되겠는데, 그가 상대방에게 생리적 혐오감을 준 것은 매우 효과적이었다. 면허증을 통해 간접적으로 그의 불결한 손과 접촉해야만 한다는 것은, 경찰관도 싫었을 것이다.

만약 M이 아무런 변명도 없이 면허증을 제시했더라면 경찰관은 법대로 처리하지 않을 수가 없다. 그러나 그가 경찰관의 체면을 세워 준 것은 매우 잘한 일이었다. 그리고 피치 못할 이유를 들이대지 않고서는 상대방도 납득을 하지 않을 것이다. 또한 M은 자기의 직업을 잘 이용했다. 위법행

위에 대한 반성의 빛을 상대방에게 충분히 보여, 그야말로 마음을 읽는 기술과 명연기의 합작품이라고 하겠다.

관찰과 추리로 마음을 읽는다

요즈음 미니스커트가 크게 유행하여 남성들의 눈을 만끽시켜 주고 있다. 이 유행이 얼마나 멋지며, 그리고 풍속적으로나 정감적으로 어떠한 위치를 차지했었느냐에 대해서는 생략하고 여기서는 마음을 읽는 방법의 입장에서 연구해 보자.

버스나 전철에서 당신의 앞자리에 미니스커트의 어여쁜 아가씨가 앉으면 당신은 맨 먼저 어디를 볼 것인가. 틀림없이 얼굴을 볼 것이다. 그리고 다음에 당신은 어디를 볼 것인가. 그 다음은 다리 혹은 그 부근일 것이다. 나도 마찬가지로 그 언저리를 보고 싶은데, 꾹 참고 당신을 관찰해 보기로 한다. 당신의 시선을 남 몰래 뒤쫓아, 순서에 따라서 가슴 속의 독백을 표현하면 어떻게 되겠는가.

얼굴……. 음, 몹시 괜찮은 여자로군. 내 애인인 명자보다 상당히 예뻐. 명자도 이 정도의 여자라면 좋겠는데.

다리……. 참, 멋지잖아. 쭉 뻗은 폼이 매우 날씬한 걸. 이런 걸 암사슴의 다리라고 하지. 이 여자에 비하면 명자의 다리는 짤막하고 구부러졌어. 그런 주제에 미니스커트를 입으려 하다니. 만약 명자와 함께였다면 나는 콤플렉스를 느꼈을 거야. 하지만 여자란 누구보다도 자기가 예쁜 줄로만 알고 다른 여자의 장점을 인정하지 않으려 하거든.

얼굴……. 눈이 매우 맑지 않은가. 저런 눈으로 지그시 쳐다보기만 하면 사내는 당장에 굴복할 거야. 아마 나도 그럴 거야. 저 입술 좀 봐. 아랫입술이 몹시 도톰하군. 아랫입술이 도톰한 여자는 그게 좋다던데. 그건 물리적으로도 이치에 맞는 말이야. 그런데 내 입은 어떤가. 나는 턱이 약간 뾰족한 편이라서 명자와는 약간 안 맞는 데가 있지만, 저 여자와는 잘 맞을 것 같군. 하기사 명자는 좀 서툰 편이고 저 여자는 얌전을 빼고 있지만 정말 잘 할 것 같아. 그러나 도대체 어떤 얼굴로 할까. 역시 아무리 좋은 눈이라도 그때만은 감는 게 자연스럽겠지만……. 저 코가 방해가 되겠어. 상당히 높으니까 명자와의 각도로는 무리야. 이럴까… 이 정도겠지.

가슴……. 그런데 저 가슴. 음, 몹시 탐스러워. 하지만 가슴만은 알 수 없어. 명자만 해도 브래지어로 꾸미고 있으니까. 벗겨 보지 않고선 뭐라고 말할 수 없어. 겉모양이야 그럴 듯하지만 뾰족한 게 좀 수상해. 어쩌면 얄팍한지도 몰라. 이것만은 명자가 더 나을는지도 몰라.

다리……. 정말 좋은 다리야. 저 둥그스름한 무릎이 못 견디겠군. 명자처럼 까칠까칠하지도 않고…. 더구나 저 넓적다리 좀 봐. 스커트는 몹시 짧겠다, 앉으면 영락없이 반은 드러나잖아. 남이 봐도 도무지 부끄럽지 않는 모양이군. 틀림없이 자신이 있는 거야. 그런 대담한 모양을 하는 걸 보니. 20센티미터, 아니 15센티미터면 몽땅 드러나겠어. 저 핸드백만 없으면 더…….

얼굴……. 새침데기 같은 얼굴을 하고 있어. 누가 보고 있다는 것을 의식하고 있는 것이겠지. 하지만 어떻게 하면 이 여자를 유혹할 수 있을까. 보통 방법으로는 안 될 것이고, 얘기를 걸어 보았자 코방귀만 뀔 거야. 저런 여자는 자신의 아름다움을 잘 알고 있어서 콧대가 센 거야. 그런데 나이는 몇일까. 스물셋이나 넷이겠지. 직업은?…… 술집 여자 같지는 않아. 어쩌면 모델인지도 몰라. 아니야, 모델 정도로 세련된 것 같지는 않은데 역시 보통 아가씨인지도 몰라.

손……. 저 반지는 약혼반지일까. 그렇다면 사내가 있다는 게 아닌가. 어떤 녀석일까.

다리……. 같은 여자라도 어쩌면 이렇게 다를까. 명자 같은 건 도저히 상대가 안 되겠구나. 그렇지만, 명자는 마음씨가 좋거든. 이 여자보다야 훨씬 좋은 마누라감이지. 하지만 놀이 상대로는 이 여자지 뭔가……. 그렇지, 꽤 돈이 들 거야. 이런 여자를 섣불리 애인으로 삼았다가는 주머니가 견뎌 나지 못해.

당신은 과연 이와 같이 상상할는지 알 수는 없으나 개개의 내용은 약간 달라도 대부분은 엇비슷할 것이다. 여기에 드러나는 남자 마음의 움직임은 매우 진지하고 온당하며 또 마음도 매우 건전하다고 나는 생각한다.

상대방의 마음을 읽는 기술을 알기 쉽고 간단히 이해할 수 있도록 하기 위해 위와 같은 예를 들었다. 상대방의 마음을 알 수 있는 기술이란 조금만 더 상대방을 주의 깊게 관찰할 것, 그리고 약간의 추리력을 발휘함으로써 누구나 쉽게 할 수 있다.

2 상대방의 겉모습으로 마음을 읽는다

상대방의 말버릇과 말투가 어떤가를 평소에 익혀 두면 그 말이나 버릇 속에 감추어진 참뜻을 알아내는 것은 매우 쉬운 일이며, 이것이 곧 백전백승의 지름길이다.

상대방의 표정으로 마음을 읽는 비법
The Technic Mind of Read

상대방의 눈의 움직임으로 마음을 읽는다

'눈은 마음의 창'이어서, 눈은 입에 못지않게 말을 한다는 표현이 있다. 인간은 마음의 움직임이 눈에 곧장 반영된다. 마음으로 생각한 것은 말보다 빨리 눈에 나타나며, 이것은 애써 숨기려 해도 숨길 수 없다.

그렇기 때문에, 말로는 하기 어려운 것도 눈에는 곧장 정직하게 나타난다. 아무리 말로는 반대되는 말을 해도 눈이 찬성하는 수가 있으며, 계속해서 그럴 듯한 말을 해도 눈이 진실이 아님을 나타내는 수가 있다.

매사에 조심스러운 사람이라면 그러한 것을 몇 번이나 체험했을 것이다. 그 사례로 텔레비전을 살펴보자.

노래의 프로에 T란 중년의 남성 가수가 등장했다. 그는 해마다 큰 리사이틀을 열어, 항상 객석을 만원으로 채우는 빼어난 실력이 있었다. 그런 만큼 관객에 대한 매너도 몹시 훌륭하여 항상 얼굴에서 미소가 떠난 적이 없다. 그러한 그의 표정이, 브라운관에 클로즈업되었을 때 그의 눈은 어떠한 마음을 비추고 있을까.

얼굴 전체가 가득한 미소임에도 불구하고 그 눈은 전혀 웃지 않고 있으며 몹시 준엄할 정도로 심각한 눈초리임을 깨달을 수 있다. 그러나 그는 눈마저 얼굴과 함께 웃고 있을 수는 없기 때문이다. 눈이 웃으면 곧 마음이 웃는 것이며, 마음이 웃고 있다면 그에게 있어서 소중한 무대 출연은 끝까지 감당하기 어렵기 때문일 것이다. 인간이란 마음이 풀어지면 긴장이 풀어지는 것을 억제할 수가 없다.

사업에서나 개인적인 교제에 있어서도, 상대방의 마음의 움직임을 읽으려면 눈에 대한 관찰을 결코 소홀히 해서는 안 된다. 인간은 자기 마음을 속이지 못하기 때문에, 마음과는 다른 뜻을 말로 나타내도 눈은 그것을 따라가지 못한다. 그래서 눈의 움직임을 지켜보노라면 상대방의 마음을 짐작할 수 있다.

그런데 상대방과 마주보고 이야기할 경우, 이쪽에서 엉뚱한 곳을 바라보며 이야기하거나 사방을 계속 두리번거리며 이야기하는 사람이 있다. 얼굴을 마주보지 못하는 것은 무엇인가 마음에 떳떳하지 못한 점이 있으며, 결코 믿을 수 없는 인물처럼 여겨지지만 결코 그렇다고만은 할 수 없다.

매사에 소심한 사람, 자신이 없는 사람, 마음이 나약한 사람 등은 별로 마음이 떳떳하지 못한 것도 아니면서, 자신의 소극적인 성격으로 말미암아 상대방의 얼굴을 똑바로 쳐다보지 못하는 경우가 많다. 이러한 사람들은 평소의 성격으로도 곧장 알 수 있다.

나쁜 사람이나 만만치 않은 인물은 아마도 상대방의 얼굴에서 결코 시선을 떼지 않을 것이다. 나쁜 사람들은 대부분 마음이 약하지 않다.

눈에 나타나는 여러 가지 변화를 마음을 읽는 방법으로 고찰해 보자. 그러나 여기서는 누구나 곧장 알 수 있는 변화는 다루지 않았다. 먼저 몹시 조심하지 않으면 포착하지 못할 미묘한 점을 살펴보자.

1. 먼 데를 바라보는 눈

대화 중의 상대방이 이따금 먼 데를 바라볼 경우, 상대방은 당신의 말을 듣고 있지 않거나 마음 속으로 다른 계산을 하고 있는 경우가 많다. 그것이 몹시 중요한 거래의 상대방이라면 마음 속으로 여러 가지 계산을 하거나 거래를 자신에게 유리하게 전개하기 위한 작전을 궁리하고 있을 것이다.

그리고 아무런 이해 관계가 없는 상대라면, 상대방은 당신의 말에 관심이 없거나 달리 마음을 쓰는 무엇인가가 있음에 틀림없다. 그러나 계속 한 곳만을 응시하면서 초점이 일정하지 않은 눈이 있는데, 이때 중대한 거래 상대라면 몹시 조심해야 한다.

물건을 팔았다고 기뻐해도, 상대방이 부도를 내거나 계획도산이었거나 해서 처참한 꼴을 면할 수 없으며, 또한 물건을 사들여도 그 상품이 불량품이었거나, 지불한 돈을 상대방이 갖고 도망친다는 것도 생각할 수 있다.

아무튼 이 눈은 공허한 눈으로서, 마음 속에 부담이나 여러 가지 고민을 담고 있어 방심한 현상을 드러내고 있는 수가 많다.

따라서 상대방이 이러한 모습을 드러냈을 때는 이쪽에서도 솔직하게 마음에 걸리는 것이 있느냐고 묻는 것이 좋다. 가족 중에 환자가 있거나 큰 걱정거리가 반드시 있을 것이다.

2. 평소보다 움푹 패인 눈

친한 상대방이라도 이런 눈과 마주칠 경우가 있으며, 처음 만난 사람이라도 대화 중에 이런 눈을 순간적으로 드러나는 수가 있다. 이 눈은 주로 의혹·오해·적의·경계·불신을 나타내는 눈이라고 생각해도 좋다.

이 눈이 더욱 심해지면 마침내 번뜩거리는 눈이 된다. 사람이 의혹이나 적의를 눈에 나타낼 경우는 이러한 눈이 되기 쉽다.

그리고 눈이 번뜩거리는 느낌을 주는 것은 그 눈이 움푹 패어 있어 그 눈빛이 강조되는 결과인 것이다. 다시 말해서, 평소보다 움푹 패었다고 느껴지는 눈은 이 번뜩이는 눈으로 옮겨지는 전 단계의 눈이라 해도 좋다.

친한 상대방이 이런 눈을 했을 경우에는, 당신의 부재중에 오해를 하거나 불신감을 품고 있는 것으로 여겨진다. 그러나 상대방은 완전히 오해하여 경계하는 것이 아니라, 확신을 갖기 못하는 단계에 있을 때의 눈인 것이다.

처음 만난 상대방이 이런 눈을 했을 때도, 대화 중에 당신이 불신이나 경계심을 품지 않는다면 그것은 상대가 선입관을 갖고 있다고 생각해야 한다. 상대방이 누군가에게 당신에 관한 소문을 들었거나, 소개자로부터 어떤 선입관을 받고 오는 수가 많다.

3. 여자의 눈

애인과 데이트할 때 남자는 다른 여자에게 자주 시선을 주는 수가 많다. 이것은 연애 중이라고 해도 남자는 객관성을 잃지 않는다는 본성에서 나온 것이다.

한편, 여자는 남자와 달라서 사랑에 모든 것을 거는 주관적 입장에 서는 것이 본성이다. 따라서 여자는 다른 남자를 거들떠보지도 않으며 오직 연인만을 지켜보고 그의 동작에 온갖 관심을 쏟는다.

그런데, 연인 관계에 있는 여자가 다른 남자에게 관심을 가지게 되면 여자 쪽에서 어떠한 마음의 변화가 생긴 것이 아닐까. 물론 노골적으로 다른 남자에게 시선을 옮기면 이것은 둔감한 남자라도 여자의 마음을 알아차릴 수 있을 것이다. 그러나 다음과 같은 현상은 조심해야 한다.

그녀와 커피숍에 들어갔을 경우, 그녀가 옆에 있는 남자의 이야기에 귀를 기울이거나 남자의 손을 훔쳐보거나 남자의 소지품에 은밀히 관심을 나타낼 때는, 그녀가 상대방에게 객관성을 지니기 시작한 것으로 생각하고 조심해야 한다. 이러한 행동이 더욱 심해지면 그녀는 당당하게 다른 남자에게 시선을 줄 수 있게 된다.

만약 그러한 행위로 인하여 그녀가 비난을 받았을 경우, 다른 남자의 소지품을 당신도 갖게 해 주었으면 싶어서 어떤 따위의 변명은 옳지 않다. 왜냐하면 여자가 그러한 기분이 될 때는, 여자 혼자일 때 사랑하는 남자에게 그렇게 해 주고 싶다고 상상하는 것이 여자이기 때문이다.

따라서 그녀의 행위는 자신의 애인과 다른 남자를 비교하려는 객관성이 싹튼 것으로 해석하는 것이 옳다.

상대방의 코의 움직임으로 마음을 읽는다

코는 얼굴 가운데에서 움직임이 가장 빈약한 존재이므로 코의 움직임을 지켜보면서 상대방의 마음을 읽는 것은 몹시 어렵다. 코가 높다든가 낮다든가 위 아래의 어느 쪽으로 처졌는가 등등 코의 모양이나 종류가 상징하는 성격에 관해서는 여러 가지 많은 해설이 있는데, 그러한 것은 코의 움직임을 포착한 것은 아니다.

다시 말해서 마음의 움직임에 따라 코가 나타내는 표정에 대해서는 언급되지 않았다. 여기서는 마음을 읽는 기술의 입장에서, 눈에 잘 안 띄는 코의 움직임에서 상대방의 마음을 읽을 수 있는가를 생각하자.

1. 콧구멍이 몹시 벌렁거릴 때

대화 중에 상대방이 약하게 콧구멍을 벌렁거릴 때는 당신에 대해 만족·불만·감정의 억제 등과 같은 마음의 움직임을 나타내는 수가 많다. 흔히 사람은 콧구멍이 넓어질 때는 노여움이나 두려움을 나타내는 것으로 되어 있으며, 흥분이나 긴장 상태가 되면 호흡과 가슴의 동계가 빨라지기 때문에 콧구멍이 확대되는 것이다. 따라서 콧숨이 세다는 따위는 일종의 흥분 증상이다.

상대방의 이러한 코의 움직임이 우쭐해서 신바람이 나 있느냐, 또는 불만이나 노여움의 감정을 억제하고 있느냐는 대화하는 상대방의 갖가지 반응으로 판단해야 옳을 것이다.

2. 콧등의 땀

콧등에 땀이 나는 것이 상대방의 버릇이라면 문제가 없겠으나, 평소에 이런 버릇이 없는 사람이 콧등에 땀을 흘리고 있을 경우, 상대방의 마음은 초조감이나 긴장 상태를 나타내는 것으로 생각하면 된다.

그것이 중요한 거래의 상대였다면 상대방은 그 상담을 성공시키려는 초조감을 지니고 있을 것이다. 만약 거래가 실패하면 자신의 처지가 몹시 난처해진다든가, 매우 불리해질 우려가 있을 때 마음이 초조해서 일종의 자승자박 상태에 빠져, 그 긴장으로 인하여 콧등에 땀이 배어 나오는 것이다.

이런 때에는 단순히 콧등에서뿐만 아니라 겨드랑이 같은 데서도 식은 땀을 흘리는 수가 많다. 그리고 아무런 이해 관계도 없는 상대방이 이런 상태일 때는 무엇인가 마음 속에 숨기고 있다든가, 비밀을 숨기려는 긴장 때문에 일어나는 현상이다.

3. 코의 빛깔

코의 빛깔은 좀처럼 변하지 않지만, 코의 빛깔이 전체적으로 뽀얗게 되었을 때는, 상대가 겁을 먹고 있다는 상태이다. 이것은 거래의 상대이건 이해 관계가 없는 상대이건 간에 마음 속에 망설임을 품고 있는 수가 많다.

거래의 경우, 조건을 내걸까 말까 망설이며 그리고 빚을 갚아야 옳을 것인가 아니냐는 등 갈피를 잡지 못하는 상태를 가리킨다.

또 이러한 현상은 여자에게 애정을 고백해서 거절당했을 때, 남자는 자기의 자존심이 손상되어 일어나는 수가 있다. 일종의 겸연쩍음이나 자기 혐오를 느꼈을 때, 코가 뽀얗게 되면서 머쓱해지는 것이다.

이상과 같은 코의 움직임은 몹시 적으며, 더구나 그 변화는 매우 주의하지 않으면 포착하지 못하는 수가 많다.

그리고 상대방의 마음을 읽을 경우, 코의 움직임은 눈초리와 눈의 움직임, 그 빛 등 반드시 눈과 연동하기 때문에 그 두 가지를 합쳐서 판단해야 한다.

상대방의 입의 움직임으로 마음을 읽는다

여기서 입은 입이 나타내는 표정을 말한다. 입의 표정에는 다음과 같은 종류가 있는데, 사람마다 마음의 움직임에 따라 변화한다. 그러나 누구든지 알 수 있는 변화, 비교적 알기 힘든 것만을 다루겠다.

1. 굳은 입과 일그러진 입

화가 나거나 짜증스러운 감정이 작용해도 때로는 상대방이 그것을 억제하여 감정을 밖으로 드러내지 않는 수가 있다. 그런 때에 농담이나 우스꽝스러운 일이 있어 웃어도, 입만은 얼굴의 다른 움직임을 따라가지 못하여 일그러지거나 줄어들기 때문에 곧 알 수 있다.

즉, 갑작스러운 우스갯소리에 눈까지 웃었지만 입만은 웃지 않는 경우인 것이다. 이것은 어린이의 경우에는 뚜렷하여 잘 알 수 있으나, 어른은 몹시 조심하지 않으면 속는 수가 있다.

2. 몹시 메마른 입술

평소에 입술을 잘 빨지 않는 사람이 입술을 자주 빠는 것은 흥분이나 긴장으로 인한 마음의 동요를 억압하고 있는 경우이다.

예를 들면, 남에게 결코 알려지기를 원하지 않는 비밀이 언급되거나 거짓말을 할 때, 입 안이 말라 냉수를 마시거나 입술을 빤다. 형사 사건의 범인이 신문을 받으며 태연한 척할 때 흔히 이런 상태가 나타난다.

인간은 마음 속의 동요를 나타내지 않으려고 노력할 경우, 생리적인 현상으로서 목이 타거나 땀이 나고, 가벼운 호흡 촉진 등이 일어난다. 따라서 상대방이 입술을 자주 빨 때는 이마나 손바닥에 땀이 촉촉이 배어 있거나 또는 침을 삼키지 않는가 하는 것 등을 세밀하게 관찰하는 것이 좋다.

무표정과 경련 현상으로 마음을 읽는다

인간의 감정은 갖가지 마음의 움직임을 지니는데, 이러한 감정은 반드시 어떤 형태로서 나타난다. 이를테면 겉으로는 태연한 척해도 그것을 다른 기회에 나타내거나 모양을 바꾸어 드러낸다.

회사에서 불쾌한 일이 있어도 겉으로는 태연한 척하나, 그 노여움을 술집에서 터뜨리거나 집으로 돌아가 가족에게 화풀이한다. 이것은 시간을 두고 나중에 감정을 쏟는 사례이지만 모양을 바꾸어 표현된다는 것은 어떤 것인가.

모양을 바꾼다는 것은, 반드시 노여움을 노여움으로써 표현하거나, 노여움을 슬픔으로 바꾸어 표현한다는 의미가 아니라, 전혀 다른 형태로 대처해 버리는 것이다. 그리고 그 대처된 것은 이미 노여움이니 슬픔이니 하는, 솔직하게 받아들일 그런 감정이 아닌 경우가 많다.

이렇게 나타나는 것은 크게 나누어 다음의 세 가지 형태로서 첫째 얼굴의 표정, 둘째는 동작, 셋째는 언어의 표현이다. 그래서 먼저 얼굴의 표정을 다루고 둘째와 셋째는 각 항목에서 살펴보자.

이 대처된 얼굴의 표정이라는 것은, 얼굴에 경련이 일어나거나 굳어지는 현상으로서 자신의 감정을 억압하여 억지로 표정을 숨기려 하기 때문에 얼굴이 굳어지거나 경련이 일어나는 것이다.

이러한 현상은 부모에게 야단만 맞는 아이나, 폭군 같은 남편을 가진 아내, 상사에게 항상 불만인 샐러리맨 등에게 흔히 볼 수 있으며, 그들은 표정이 몹시 빈약한 것이 특징인데 그것은 억압된 불만스러운 감정을 나타내지 않으려 하기 때문에 무표정한 얼굴이 되어 버리는 것이다.

그리고 표정을 억제한 결과, 얼굴의 근육에 경련이 일어나 눈을 끔뻑이는 등의 증상이 나타난다. 마음을 읽는 방법으로 이러한 표정을 잘 살피면 상대방의 억압된 욕구불만이나 콤플렉스를 쉽게 찾아낼 수 있다.

이를테면 매우 즐거운 일, 우스꽝스러운 일에 상대방의 반응이 없고, 강한 감정의 충격에 대해서도 반응이 둔한 경우는 본래의 감정이 형태를 바꾸어 나타나는 인물로 이해해야 된다.

생리적 변화로 상대방의 마음을 읽는다

눈물로 마음을 읽는다

남자는 여자와 달리 함부로 눈물을 흘리지 않는다. 남자가 눈물을 흘리는 경우는, 올림픽에 우승했을 때와 같은 커다란 감격을 맛보았을 때 관중 앞에서 울고, 관중 역시 그것을 인정하여 함께 감격을 맛보는 수가 있다. 그리고 남자가 평생에 씻지 못할 굴욕을 받았을 경우 남 앞에서는 눈물을 흘리지 않고 남 몰래 우는 경우가 있다. 아무튼 남자가 눈물을 흘리는 장면이란 마음을 읽는 기술이 필요 없을 만큼 그 눈물의 원인을 누구나 쉽게 이해할 수 있다.

그런데 여자의 눈물은 어떤가. 아마 여자의 눈물에 대해 이야기한다면 그것만으로도 충분히 한 권의 책을 만들 수 있으리라 생각된다. 그토록 복잡하고 미묘한 여자의 심리와 눈물에 대해 말한다면 끝이 없을 것이다. 그러나 마음을 읽는 기술의 입장에서 중요한 포인트만을 알아 두기로 하자.

1. 여자는 특별한 이유가 없어도 쉽게 울 수 있다

알기 쉽게 말한다면 무드만으로도 눈물을 흘리는 것이 여자이다. 행복을 느낀다면서 울고, 옛날을 추억하고는 눈물이 나온다는 식의, 이른바 감상형의 눈물이 있다.

이 눈물에 여자 자신은 도취하고, 흐뭇하게 그 눈물에 잠겨 만족감을 느낀다. 이런 때 남자는 여자의 그러한 마음을 알아차려, 실컷 울도록 내버려 두는 것이 좋다.

2. 자신의 불리함을 얼버무리는 눈물

이것은 여자의 최대의 무기이며, 남자는 흔히 이 눈물에 속는다. 여자는 뇌의 구조가 논리적이 못 되기 때문에 자기의 실패 등을 조리 있게 변명하려 하지 않는다. 변명하여 상대방의 이해를 얻기보다 우선 눈물을 흘리며 남자의 반응을 살피는 그 나름의 계산이 작용한다.

물론 남자에 대한 어리광 비슷한 감정도 있고 또 여자의 눈물에 약한 남자의 본성을 꿰뚫고 있기 때문인 것이다.

그 증거로는 여자끼리의 경우였다면 결코 이런 식으로 울지 않는다. 서로의 속셈을 잘 알기 때문이다. 그런데 여자는 자신의 불리함을 방어하기 위해서는 우는 편이 유리하다 생각하면 우선 눈물을 흘려 상대방의 기분을 누그러뜨린 뒤 자신의 뜻대로 일을 꾸며 나아갈 궁리를 한다.

여자의 이러한 전술에 남자는 교묘하게 말려들어, 뻔히 알면서도 추궁

하지 않는 일이 많다. 마침내 여자가 이러한 전술에 맛을 들이면 이번에는 거짓 눈물이라는 마음을 읽는 기술로도 매우 이해하기 어려운 눈물을 흘리게 된다.

그런 만큼 남성 여러분은 방심하지 말고 여자가 흘리는 눈물의 종류를 알고 이에 슬기롭게 대처해야 한다.

땀으로 마음을 읽는다

긴장이나 흥분에서 오는 감정의 고조로 겨드랑 밑 같은 데에 땀을 흘리는 것을 식은땀이라고 하는데, 땀을 쉽게 흘리는 곳은, 사람에 따라서는 약간 다르겠지만 이마·콧등·목덜미·손바닥 같은 데일 것이다.

만약 대화 중인 상대가 덥지도 않은데 그러한 부분에 땀을 흘린다면, 틀림없이 마음이 긴장된 증거이다. 손수건으로 연거푸 손바닥을 닦아 내거나 흐려진 안경 알을 닦는 것은 그러한 마음의 움직임을 나타내고 있다.

그리고 낯빛이 달라지거나, 손끝이 떨리고 관자놀이의 혈관이 팽창하여 마른침을 삼키는 등의 행위가 흔히 따르기 때문에 유심히 관찰하면 판단할 수가 있다.

입 안이 마르는 것으로 마음을 읽는다

사람은 긴장 상태에 이르면 입 안이 몹시 마르는 법이다.

소심한 사람이나 연설에 익숙하지 못한 사람이, 몇 백 명이나 되는 청중을 앞에 두고 연설할 때라든가, 남과 심하게 말다툼을 할 때나, 또 신입사원이 사장 앞에서 말할 때면 갑자기 입 안이 바싹 말라 버리는 수가 있다.

그러나 이 정도의 흥분이나 긴장은 아니어도 이야기에 열중할 때면 연거푸 물을 벌컥벌컥 마시는 사람이 있다. 그 순환 작용으로서 땀을 흘리거나 화장실에 자주 드나들어 마음의 긴장을 쉽게 드러낸다.

그 때문에 혀도 둔해지며 목소리도 건성으로 나온다. 그러한 변화를 마음을 읽는 기술로 포착하려면 우선 목젖의 움직임을 살피면 된다.

침을 자주 삼키거나, 입이 바싹 말라 침을 자주 삼키려면, 반드시 목젖이 위아래로 오르내리기 때문이다.

이러한 현상은 범인이 수사관의 날카로운 신문 앞에서 그 추궁을 피하려 할 때 나타내는 현상이다. 흔히 마음에 떳떳하지 못한 데가 있거나 숨기는 일, 거짓말을 할 경우에 이런 상태가 된다.

호흡의 변화로 마음을 읽는다

가슴이 몹시 두근거리는 흥분이나 긴장하면 호흡의 변화가 뒤따른다. 복싱 같은 스포츠를 관전하노라면 맥박·혈압·호흡 등이 모두 상승한다. 맥박이나 혈압은 겉으로는 판단할 수 없으나, 호흡은 분명히 빨라지는 것을 알 수 있다.

이것이 심해지면 숨을 제대로 쉬지 못하고 호흡이 가빠진다. 대화 중인 상대방의 숨결을 판단할 경우, 상대방의 호흡으로 오르내리는 어깨에 자신의 호흡을 맞추는 것이 좋다.

언어와 동작으로 마음을 읽는다

상대방의 말의 변화로 마음을 읽는다

사람을 속이는 데에 말만큼 효과적인 것은 없다. 상대의 불성실한 성품을 평소부터 경계하여도 상대방의 능란한 언변에 말려들어 속는 경우가 많다. 상대가 붙임성이 있고 솔직한 태도로 친숙하게 접근하지만, 말하는 것과 생각하는 것이 언제나 다른 인물이 있다.

그리고 아무 때나 상대방의 의견에 맞장구를 치며 장담하는 사람은 결코 방심할 수 없으며 어디까지가 진실이고 거짓인지 전혀 짐작조차 할 수 없는 일들이 우리들 주위에서 일어나고 있다.

말과 행동이 다른 인간이라도 정신을 바짝 차리고 관찰하노라면 반드시 약점을 찾아볼 수가 있다. 그것은 어떤 면으로 보면, 인간은 마음의 움직임이나 감정을 말로서 표현하는 것이 가장 쉽기 때문이며, 그 안이한 방법으로 말미암아 또한 방심도 하기 쉬워지는 것이다.

따라서 마음을 읽는 기술에서는, 상대방의 갖가지 언어의 변화에 주목하여 감정이나 마음의 움직임을 포착하지만, 이것은 단순히 유쾌할 때는 말이 들뜨고 몹시 불쾌할 때는 말이 가라앉는 변화뿐만 아니라, 인간은 누구나 약간은 마음의 움직임이나 감정을 억제하면서 말하기 때문에 그러한 숨겨진 마음을 말의 여러 가지 변화로 판단하려는 것이다.

1. 평소 말이 없는 사람이 달변이 되었을 때

누구나 기쁠 때나 즐거울 때면 평소보다 말수도 많고 경쾌해진다. 그러나 어떤 이유도 없이 말수가 적었던 사람이 갑자기 달변이 되었을 때는 마음 속의 불안이나 동요를 상대방이 눈치 채지 않도록 하려고 꾸미는 수가 많다. 말하자면 대화의 주도권을 자신이 이끌어 말하고 싶지 않은 화제로부터 일부러 벗어나거나 될 수 있는 한 본론과는 관계가 없는 이야기로 바꾸려고 한다.

그리고 때로는 불필요한 허세를 부리며 스스로 방어벽을 쌓고 자신의 마음을 속이거나 위로하려고 한다. 이처럼 평소에 적었던 말수가 달변으로 바뀌었을 경우에는 심리적 불안이 반드시 다른 동작이나 생리적 변화, 표정의 변화 등에도 나타나는 수가 있기 때문에 알기가 쉽다.

2. 정중한 말씨와 비꼬는 말투

평소의 말투와는 달리 몹시 정중한 말씨를 쓰거나 때로는 비꼬는 듯한 말을 하는 것은 마음 속에 적의나 반감을 품고 있는 수가 많다.

이것도 마음 속의 적의나 반감의 반동적인 표현으로서, 그러한 감정을 노골적으로 드러내지 못할 경우에는 무의식적으로 상대방과 거리를 두려고 하는 마음이 나타나는 것이며, 때로 비꼬는 투가 섞이는 것은 상대방에 대한 공격성이 나타나는 것이다.

이와 같은 경우, 나타나는 변화로서는 눈에서 친근감이나 부드러운 빛이 사라지고 약간 날카로워지거나 눈빛이 더욱 빛나기도 한다. 웃는 것도 자연스럽지 못하거나 표정이 몹시 굳어진다.

3. 상대를 앞지르는 말이나 변명

이쪽에서 아직 이야기를 꺼내지 않았거나 아무런 의심도 하지 않았는데도 계속해서 앞질러 말하거나 변명하는 사람이 있다.

이러한 사람은 비교적 소심한 인간에게 많은데, 자신의 떳떳하지 못한 마음이나 비밀이 탄로나지 않을까 하는 마음으로 앞질러 말해서 방어벽을 치거나 변명하여 빨리 불안한 기분으로부터 벗어나려는 심리를 보인다.

따라서 이러한 상대방의 태도에 이쪽에서는 오히려 의혹을 갖기 마련인데, 그런 표정은 조금도 보이지 않고 상대방의 이야기에 동조하며 맞장구를 쳐 주면 상대방은 안심하여 침착을 되찾는다.

아무튼 소심한 인간인 만큼 다른 면에서도 태도의 변화를 볼 수 있는데, 눈동자가 겁을 먹고 불안정하거나 태도조차 안절부절못한다.

4. 아슬아슬한 화제와 의식적인 도피

범죄인이 범죄 현장에 돌아와 태연스럽게 형사의 수사를 구경하거나, 뺑소니 범인이 사고 현장으로 찾아오는 대담한 행동을 한다.

이러한 심리와 마찬가지로 일부러 이상한 말만을 골라 하거나 모두가 회피하려는 화제를 거리낌없이 꺼내는 사람은, 자신이 두려워하고 있는 불안을 스스로 폭로함으로써, 오히려 불안한 심리와 긴장감으로부터 해방되기를 바라기 때문이다.

이러한 사람들의 말은 대부분 대담하고 솔직하게 진실을 꺼내거나 혹은 터무니없는 엉뚱한 발언을 하여, 자신의 말이 두드러지게 하려고 한다. 거짓이나 진실은 항상 상대방의 말 속에 포함되어 있는 수가 많기 때문에 마음을 읽는 기술에서는 그 내용을 잘 검토하면 반드시 문제 해결의 열쇠를 발견할 수가 있다.

그러나 이와 같은 대담성을 지닌 상대방인 만큼 말 이외에는 어떤 반응이 나타나기 어려운 점이 있다. 이런 대담한 사람과는 반대로, 되도록이면 불안한 마음을 떨쳐 버리려고 화제를 바꾸거나 그 자리를 피하려는 인간이 있다.

이것은 소심한 성격이거나 세심하고 신중한 성격이라고 말할 수는 없으나, 그러한 태도가 두드러진 상대방에게는 이쪽에서 의식적으로 상대방이 경원하는 화제를 꺼내 집요하게 물고 늘어지면 초조한 현상이 곧장 나타난다.

예를 들면 상대방이 시선을 돌리거나 눈을 아래로 내려깔기도 하고 또 다리를 가만히 두지 못한다든가, 담배를 연거푸 피우는 등 마음 속의 불안이나 초조를 얼버무리려 한다.

5. 동조와 영합

평소에는 별로 상대방의 이야기에 귀를 기울이지 않다가, 때로는 맞장구를 치거나 동조해 주는 경우가 있다. 이러한 상대방은 방심할 수 없는 인물이기 때문에, 자칫 잘못하면 피해를 입는다.

그는 반드시 어떤 목적이나 속셈이 있어 당신한테 거슬리면 안 될 성싶어서 동조하고 영합하는 수가 많다. 이를테면 당신에게 호의적인 척하며 동업자로 끌어들이거나 호의를 베풀어 생색을 내려고 한다.

그러나 거기에는 꿍꿍이속이 있기 마련이며 뒷날 반드시 거절할 수 없는 부탁을 한다.

이런 식의 동조나 영합은 몹시 조심해야 하며 그것을 간파하는 데에는 상대방의 부자연스러운 동조나, 또 그와는 반대로 당신의 불안을 조장할 것이 틀림없다. 아마도, 그런 때의 상대방의 눈빛은 방심할 수 없는 눈초리가 되어 있을 것이다.

상대방의 손발의 움직임으로 마음을 읽는다

사람은 살아가면서 누구나 유쾌하고 불쾌한 감정을 행동으로 나타내지 않을 수 없다. 마음이 즐거우면 동작은 매우 활기차며, 슬픈 일이나 가슴이 아플 때는 행동이 매우 완만해지며 모든 일에 소극적이다.

이러한 심리를 나타내는 예로, 커피숍에서 애인을 기다리는 남자를 관찰해 보면 매우 흥미롭다.

그는 신문을 한손에 들고 커피숍 입구에 들어서자마자 주위를 재빨리 둘러보며 만나기로 약속한 여성을 찾지만 아직 오지 않았기 때문에 적당한 자리에 가서 앉는다.

그리고는 담배에 불을 붙이고 입구 쪽을 눈여겨보지만 그녀는 나타나지 않는다. 그는 다시 커피숍 안을 둘러본 뒤 탁자의 물을 한 모금 마신다. 종업원이 커피를 가져오자 설탕을 몇 숟갈 넣고는 담배를 비벼 끈다.

그는 시선을 계속 입구 쪽으로 보내면서 커피를 마시고는 다시금 담배를 피워 문다. 그리고 시선을 다른 남녀에게 돌리거나 종업원 아가씨의 뒷모습을 눈으로 좇는다. 약간 신경질적으로 담뱃재를 털고는 문득 생각난 듯이 신문을 펼쳐 넘긴다. 그러나 눈은 신문의 기사를 읽으면서 사람이 들락거릴 때마다 얼굴을 들어 입구를 바라본다.

커피를 마셨기 때문에 이번에는 물을 마신다. 신문을 놓고 다시 담배를 피워 물지만 시선은 계속 입구 쪽으로 향하고 안절부절못한다. 그리고 시계를 보고는 주머니에서 극장 입장권 같은 것을 꺼내어 유심히 살펴본다.

그는 자신의 바지의 먼지를 털고는 넥타이를 손질하고 다시 가져온 물을 마시며 다리를 바꾸어 꼬아 앉는다. 그의 표정에는 가벼운 초조감이 나타나며 손끝이 의자를 치고 있다. 담배를 연거푸 피우고는 반도 채 못 피운 것을 비벼 끄고 탁자에 떨어진 담뱃재를 입으로 불어 턴다.

그는 약속한 사람이 오지 않자 눈썹을 찌푸리고는 아랫입술을 깨문다. 다시 다리를 바꾸어 꼬면서 갑자기 등을 편다. 이번에는 깊숙이 의자에 기대어 앉는데 몇 분도 채 못 되어 다시 고쳐 앉고는 발끝으로 탁자의 다리를 툭 친다. 그리고 신문을 둘둘 말고 탁탁 치면서 시계를 본다.

이러한 일은 누구나 체험했을 것이다. 당신도 회사에서 한창 바쁜 시간에 갑자기 친구가 찾아와서 끈질기게 앉아 있어 난처했던 일이 있었을 것이다. 돌아가 달라는 말도 못 하고 친구는 당신의 마음을 눈치 채는 것도 아니다.

이런 경우, 당신은 누군가가 불러 주지나 않나 하고 생각하거나 전화라도 걸려 오면 안도의 한숨을 쉬기도 할 것이다. 그래도 친구가 미련스럽게 앉아 있으면 몹시 짜증이 나서 책상에 놓인 것을 이리저리 옮겨 보거나 옆자리의 동료에게 일부러 말을 걸어 상대방이 일어나 줄 계기를 만들어 보려고 한다. 이런 때는 짜증스러움이 여러 가지 행태로 행동에 나타나는 것이다.

1. 손의 움직임

손가락 끝으로 무엇인가를 토닥거리는 것은, 마음 속의 초조함을 나타내는 것이며, 담배 끝이 떨리는 것은 마음이 동요되거나 긴장 또는 흥분하고 있는 것이며, 또 바지의 먼지를 털거나 손톱을 후비는 것은 마음이 몹시 들떠 있음을 나타낸다.

2. 다리의 움직임

자주 다리를 바꾸어 꼬며 앉는 것은 짜증스러움이나, 또는 따분함을 참지 못하는 행동이다. 그리고 발끝으로 무엇인가를 자주 툭툭 치거나, 뒤꿈치로 박자 맞추듯 토닥거리는 것은 마음 속으로 다른 일을 생각하고 있거나 다른 데에 마음이 쏠리고 있음을 말한다. 그리고 마치 우리 속의 곰처럼 한 군데를 빙빙 돌고 있는 것은 무엇인가를 골똘히 생각하거나, 초조감을 얼버무리기 위한 행동이다.

3. 그 밖의 움직임

단정하기는 매우 위험한 일이지만, 대화하는 상대방의 자세도 문제이다. 심리적 불안이나 딴 속셈이 있으면 자세가 매우 불안정하고 신체의 경사 각도가 커지거나, 앞으로 몸을 숙이는 경향이 많다

그렇다고 해서 당당하게 가슴을 편 자세에 전혀 악의가 없다고는 말할 수 없다.

상대방의 말씨로 마음을 읽는다

사람의 마음을 읽을 때 상대방의 말씨로 판단하는 방법이 있다. 그리고 그 사람의 사투리는 어느 고장 출신인가가 나타나며, 그리고 자란 가정의 환경이나 교양도 알 수 있다.

이를테면 평소에 친구와 이야기할 때는 '아버지', '어머니' 하고 자기 부모를 부르거나 또는 전화로 부모와 이야기하는 말을 듣노라면 부모에게 의외로 예의바르게 존댓말을 쓰는 경우가 있다. 이러한 가정은 아마 예의범절에 대한 가정 교육이 상당히 높은 것으로 상상할 수 있다.

그리고 그와 반대로 평소에는 비교적 정중한 말씨를 쓰다가 직장의 상사나 선배가 없는 곳에서는 천박한 말씨를 사용하는 수도 있다.

또한 몇몇 안 되는 사람끼리 주고받는 이야기 중에서도, 자기가 말할 때는 남의 발언을 억누르고 나서거나 상대방이 말하는데 갑자기 끼어드는 사람이 있다. 이러한 사람은 대개가 자기중심형이며 따라서 무슨 일이나 언제나 자기본위로 생각하거나 행동한다.

한편, 자기가 하던 이야기를 남이 중간에서 가로채거나 끼어들어도 그대로 내버려 두는 소극적인 타입도 있다. 마음 속으로는 불만이지만 성격이 내향성이기 때문에 그 이상의 자기 주장을 못 하는 것이다.

그리고 별로 친하지 않은 두 사람이 동석했을 경우, 걸핏하면 끊기기 쉬운 화젯거리를 연결시키려고 애쓰는 사람이 있다. 그러나 나이 차이가 너무 많거나, 사회 환경과 직업 등에서 공통된 화젯거리가 없어 마침내 모두 입을 다물어 버리는 경우도 있다. 이런 때에 여러 가지로 궁리하여 어떻게 해서든지 어색한 분위기를 바꾸려고 계속 화젯거리를 제공하는 사람은 협조성이 있는 사교형이다.

그리고 그러한 분위기에서도 화제를 이으려 하지 않는 사람이 있는데 그는 협조성이 없는 비사교형으로 의사는 있어도 잘 되지 않는 타입과, 그런 어색한 분위기에는 태연히 무시해 버리는 오만한 타입이 있는 듯하다.

그 밖에, 대화 중에 화제를 자신이 주도하여 대화의 대부분을 독차지하는 타입이거나, 항상 남의 이야기를 듣기만 하는 타입도 있다. 그리고 그룹의 대화에서는 진행과 마무리, 그 다음 화젯거리의 제공 등에 주도적으로 행동하는 사람도 있다. 상대방의 마음을 읽으려면 아무리 사소한 재료라도 관찰력에 따라 여러 가지 것을 알 수 있다.

예를 들면, 대화 중에 맞장구를 치는 방법도 사람에 따라서 가지각색이다. 이야기의 급소나 핵심에서만 "응", "그래" 하고 고개를 끄덕이는 사람은 모든 일에 생각이 깊은 타입이며, 말끝마다 "그래", "그래" 하며 계속 맞장구를 치는 사람은 협조성이나 타협성은 있어도 성품이 약간 성급하고 경솔한 면이 있다.

항상 주위 사람들에 대한 관찰을 준비해 두면, 어떤 문제에 당면했을 때 그 사람의 성격이나 평소의 행동 · 동작 · 습관 · 사고방식 등을 미리 알 수 있게 되기 때문에 상대방의 마음이나 감정의 움직임을 쉽게 알 수 있다.

비평은 곧 자신을 말한다

사람을 이해하는 데에도 여러 가지가 있지만 비평은, 남에 대해 이야기하면서도 자기의 주장을 말하는 것으로 생각해도 된다. 신문 기사를 놓고 정치 문제, 사회 문제 등을 논할 경우 그 사람의 인생관과 사회관을 알 수가 있으며, 또 비평의 내용에 따라 상대방의 교양을 판단할 수 있다.

그뿐만 아니라 비평은 그 사람이 어떤 사상과 어떤 사고방식으로 살고 있으며 적극적이냐 소극적이냐, 그리고 현실에 대해 만족하는 타입이냐 불만스럽게 여기는 타입이냐 하는 것까지 알 수 있다. 이쪽에서 촉구하여 상대방으로 하여금 서슴없이 비평하도록 하는 것이 현명하다.

상대방의 버릇이나 습관으로 마음을 읽는다

사람은 누구나 저마다 독특한 버릇이 있다. 내게는 버릇이 없다고 하는 사람에게는 자랑하는 버릇이 있는 것처럼 사람의 버릇이란 좀처럼 버리지 못하는 모양이다.

무엇을 생각하거나 독서에 열중하면 손톱을 깨무는 사람, 술을 마시면 명랑해지는 사람과 우울해지는 사람, 남과 이야기를 나눌 때 코를 손으로 문지르거나 손으로 머리의 비듬을 털고는 그 냄새를 맡아 보는 불결한 타입, 손가락 마디를 꺾어 소리내는 사람, 그리고 몹시 호들갑스러운 몸짓으로 이야기하는 사람, 등등 그 예를 든다면 끝이 없다.

여성인 경우, 볼에 손을 대고 이야기하는 사람, 별로 웃을 일도 아닌데 손바닥으로 입을 가리는 사람, 머리카락을 매만지는 사람 등 가지각색이다. 이런 사람은 심층심리에 콤플렉스를 가지고 있는 사람이며, 자신이 없다는 것을 남에게 공개하는 것이나 다름없다.

그리고 스커트의 앞자락을 끌어 내리려 하거나, 손으로 누르는 여성이 있다. 이야기를 나눌 때 이런 버릇을 보게 되면 나를 어떻게 보고 저런 짓을 하나 싶어 기분이 잡쳐 버린다. 이 스커트가 마음에 걸리는 여성은 그 부분에 대한 의식이 과잉인 것이며 그렇다고 몸가짐이 건실한 여성이냐면 의외로 허약할 수도 있다.

결국 이런 여성은 남의 마음을 잘 읽는 사람들의 먹이가 될 것임에 틀림없다. 그리고 미니스커트를 입을 자격조차 없다.

남의 습관이나 버릇을 기억해 두면, 그 사람이 어떠한 상황에서 그의 버릇을 발휘하는가를 알 수 있다.

당신의 주위를 둘러보면 의외로 그러한 일이 많을 것이다. 결국 사람의 버릇이라는 것은 본인의 무의식 중에 나오기 때문에 평소에 자세히 관찰하면 마음의 움직임도 읽기 쉽다.

상대방의 마음을 읽어 바둑을 이긴다

바둑이란 실력의 차이로 승부가 나기 마련이다. 그러나 프로 같으면 모르거니와 아마추어일 경우, 반드시 실력만이 승부를 좌우한다고는 할 수 없다. 자신과 상대방의 심리적인 상황이나, 상대방의 기분, 그날의 운수 등이 크게 작용하여 영향을 미치는 것이다.

그러나 무엇보다 상대방의 버릇이나 성격을 알고 대국할 때, 그것을 역이용하면 대부분 이기기 마련이다.

1. 성급한 성격과의 바둑

기원에 들어서기가 무섭게, 상대방을 반갑게 맞으며 도전해 오는 사람이 있다. 실력은 엇비슷한 3, 4급 정도인데 어제 참담하게 패배하여 아침 일찍부터 기원에 나와서 어제의 패배를 설욕하려고 벼르며 기다리고 있던 참이다.

이런 경우 이쪽에서는 능글능글맞을 필요가 있다. "글쎄, 있다가 가 볼 데도 있고 해서 시간이 마땅찮은걸." 이렇게 말하면 상대방은 더욱 후끈 달아오른다. 이렇게 한참 능청을 떤 뒤, 상대와 바둑판을 마주한다.

이렇게 되면 바둑을 두기 전부터 승부는 난 것이나 다름없다. 상대방의 말을 믿고 빨리 승부를 내어 어제의 패배를 설욕하겠다는 심리가 작용하기 때문에 바둑을 일방적인 공격으로 몰아가게 한다.

이 경우, 그 저돌적인 공격에 말려들지만 않으면 된다. 느긋한 마음가짐으로 적당히 상대의 공격을 피하면 마침내 상대방은 자멸의 길로 치닫고 있음을 깨닫게 된다. 그러나 그때는 이미 도저히 수습할 수 없는 궁지에 몰려 결국 상대방은 항복한다.

2. 상대방이 빨리 두기를 독촉하는 사람

싸움이 중반전쯤 접어들어, 상대방이 한 수를 두자마자 빨리 두라고 독촉하는 경우가 있다. 이쪽에서는 그렇게 시간을 끈 것도 아닌데 빨리 두라고 성화가 빗발친다. 이런 때, 이쪽이 프로라면 속으로 미소를 지을 것이다.

왜냐하면 상대방이 자기가 모르는 어느 한 점을 실수하여 그 초조함을 숨기기 위한 독촉이기 때문이다. 이런 때는 상대방이 뭐라고 하건 다시 한 번 바둑을 검토해 보아야 한다. 어딘가에 상대방의 약점이 드러나 있을 것이다.

3. 엄살 버릇이 있는 사람

중반전도 채 끝나기 전에 "졌다."며 호들갑스럽게 엄살을 떠는 경우가 있다. 상대방이 엄살을 부리면 그렇지도 않은 바둑이 패한 것처럼 보이는 것도 야릇한 대국심리의 하나이다. 그러나 함정은 여기에 있다.

바둑이 유리한 줄 알고 한두 집 끝내기마저 소홀이 하면 역전패를 당하기 쉽다.

　이 밖에도 여러 가지가 있지만, 상대방의 버릇이나 말투를 평소부터 살펴 두면 그 말이나 버릇 속에 가려진 참뜻을 알아내기 쉽고, 이 방법이 곧 백전백승의 지름길이다.

3 일반적인 성격 판단

벌레

한 마리 못 죽일 것 같은 사내가 흉악한 범죄를 저지르거나 몹시 성실해 보이는 사람이 여자를 속이기도 한다. 그런가 하면, 험상궂게 생긴 남자가 의외로 소심하고 성실한 사람이기도 해서, 이 세상에는 갖가지 드라마가 계속해서 펼쳐진다. 열 길 물 속은 알아도 한 길 사람의 마음 속은 알 수 없다.

상대방의 옷차림과 소지품으로 마음을 읽는다
The Technic Mind of Read

상대방의 옷차림과 소지품은 자아의 연장

상대방을 판단할 때에는 먼저 얼굴, 그 다음에는 그 사람의 옷차림이나 소지품을 살피기 마련이다. 옷차림이나 소지품이 그 사람의 자아의 연장이라고 불리는 것은 그러한 것들은 본인에 의해 선택되고 몸에 지님으로써 그다운 분위기를 자아내는, 이른바 본인의 몸의 일부분이라고도 생각할 수 있기 때문이다.

장발에 베레 모자를 쓰면 화가나 예술가로 생각하고 저녁에 화려한 옷차림에 짙은 화장을 한 여자를 보면 어느 살롱이나 카바레에 나가는 여자쯤으로 짐작한다. 옷차림이나 소지품은 그 사람의 직업을 나타낼 뿐만 아니라 취미와 성격까지 나타낸다.

성실한 성격의 사람은 그 옷차림도 몹시 단정하고 사물에 구애되지 않는 성격의 사람은 옷차림도 신경을 쓰지 않는 인상을 준다. 마침내 우리는 그것으로 상대방의 인품이나 경제 상태, 환경 등을 파악하는 것이다.

그러나 세상에는 부자 같지 않은 부자도 많고, 대학 교수답지 않은 대학 교수도 있다. 오히려 현대는 이 '답지 않은' 는 스타일의 사람들이 늘어나고 있는 것이 아닐까. 그러므로 섣불리 상대의 옷차림으로 잘못 판단해서 망신을 당하는 수가 적지 않다.

옛날 여관의 종업원은 손님의 구두를 살펴보고 방으로 안내했다고 한다. 현대처럼 소비 생활도 윤택해지고, 물건이 고급화되면서 좀처럼 손님을 판단하기는 매우 어렵다.

마음을 읽는 기술과 자아의 연장인 옷차림이나 소지품과의 관련은 어떤 것일까. 마음을 읽는 기술이란 상대방의 마음의 움직임이나 감정을 읽는 것인데 상대방의 옷차림이나 소지품을 살펴 그 사람이 어떠한 인품인지 대강 짐작할 수 있다.

왜냐하면 그 사람의 직업이나 계층에 따라 어느 정도의 사고방식과 행동에 그 나름대로의 일정한 방향이 있기 때문이다.

의사는 의사로서 병이나 생명에 대해 신조를 지니고 있다. 오토바이나 스포츠카의 스피드에 심취해 있는 젊은이들은 스피드야말로 자기를 걸 값어치가 있는 최고의 진리라고 생각하며, 살롱이나 카바레에 나가는 여자들은 사나이란 모두 호색한이라는 공통된 생각을 갖고 있다.

그리고 똑같은 직업 가운데에서도 그 사람의 환경이나 계층에 따라서 사고방식이 뚜렷이 달라지는 수가 있다. 호스티스는 그 나름대로, 마담은 그 나름대로 각자의 행동과 가치관과 인생관이 다른 것이다.

그래서 마음을 읽는 기술에서는 직업, 또는 동일 계층의 사람들에게 공통된 사고방식을 이용한다.

한 예를 정당 지지의 문제에서 살펴보자.

"당신은 어떤 정당을 지지하는가?"라는 질문에 대해, 재산이 많은 부유한 중년의 의사라면 그는 반드시 보수정당을 지지할 것이다.

그러나 경제적으로나 사회적으로 빈곤한 젊은 인턴이라면 혁신정당을 지지할 것이다. 그리고 술집 마담이라면 보수정당을 지지해야 가게를 유지해 나갈 수 있다고 생각할 것이며, 아이를 부양하는 호스티스 같으면 혁신정당을 지지함으로써 자신이 어쩌면 이런 세계에서 빠져 나올 수 있다고 생각할는지 모른다.

그리고 스피드와 섹스 따위에 열중하는 젊은이들이라면, 그 따위는 아무려면 어떠냐고 전혀 관심조차 나타내지 않을 것이다.

옷차림에 빈틈이 없는 남자

사람은 누구나 무엇인가에 열중한다. 경마, 노름 같은 것에 열중하는 사람, 골동품이나, 서화 등에 열중하는 사람, 조립식 장난감에 열중하는 사람도 있다. 그 중에는 "나는 아무것에도 흥미를 느끼지 못한다.

술만이 유일한 즐거움이다"라고 말하는 사람도 있는데 무엇보다 술을 좋아하는 사람은 술에 열중한다고 말할 수 있지 않겠는가. 이 말은 여자를 탐하는 사람에 대해서도 해당될 수 있으며 실제로 여자에게 미친 남자도 얼마든지 있다.

그러면 옷차림이나 소지품에 열중하는 사람을 자세히 분석해 보자.

추호의 빈틈도 없는 옷차림을 한 신사가 있다. 영국제 옷감의 양복이며 실크 넥타이, 구두는 키드의 외제품에, 장신구도 악어 가죽 허리띠에 진주의 커프스 보턴이나 넥타이 핀, 시계는 스위스제이고 안경테 역시 이탈리아제의 최고급품, 라이터는 론슨이나 던힐에, 손수건도 실크나 자수가 있는 것, 거기에 향수 냄새를 풍기는 사내. 이런 인물이 우리 주변에 하나쯤은 있을 것이다.

그러나 이러한 신사에게는 공통된 성격과 심리가 있다. 이를테면 옷차림에 지나치게 신경을 쓰는 사람은 취미의 범위가 매우 좁다. 이것은 취미가 너무 많으면 시간도 낼 수 없거니와 돈도 견뎌 내지 못할 것이다. 따라서 지나치게 옷차림에 신경을 쓰는 사람은 취미에 관한 화젯거리가 빈곤하고 교제 범위도 넓지 못할 것이다.

그리고 자신을 장식한다는 의식이 강하여, 겉모습을 꾸밈으로써 남보다 심리적으로 우위의 입장에 서서 자신의 약점을 커버하려는 면이 있다. 그 약점은 육체의 콤플렉스일 수도 있고 여성 콤플렉스나 욕구불만 따위일 수도 있다.

또한 성격이 호탕한 개방형이 적고, 신경질·소심증·내향성 등이 대부분이며, 머리칼과 담뱃재, 넥타이의 매듭 같은 것에 몹시 신경을 쓰는 타입이다.

사람은 겉보기만으로는 알 수 없다. 마누라가 있으면서도 자기의 속옷은 모두 자신이 빨지 않으면 못 견디는 결벽성의 사람도 있다. 이러한 것은 자신의 더럽혀진 것을 남에게 보이고 싶지 않다는 결벽성 때문일 것이다.

그러한 사람은 대부분 남의 일에 간섭하지 않으며 자기도 결코 간섭 받기를 원하지 않거나, 자기가 맡은 일을 결코 남에게 맡기지 않는 사람이 많다. 그러나, 그러한 성격으로 인해 남의 의견을 받아들이지 못하며 오직 자기 생각만을 고집하는 경우가 적지 않다.

만약 상대가 이런 타입이라면 성격은 내향성, 자폐성이 강하기 때문에 느긋하게 대하여 상대방이 어떻게 나오는가를 유심히 관찰할 필요가 있다. 쉽게 승낙하면 뒤에 어떤 불평이 나올지도 모르니 항상 조심해야 한다.

또 이러한 상대방은 신경질적이고 신중한 성격이기 때문에 설불리 전술을 사용하는 것은 금물이다. 그는 경계심이 강하므로 충분히 납득시키지 않으면 실패할 우려가 있다.

빛깔로 본 사람의 성격

빨갛게 칠한 삼각형을 보고 붉은 빛깔을 강하게 의식하는 사람과, 삼각형이라는 형태를 강하게 의식하는 사람이 있다. 그리고 옷차림이나 소지품을 선택할 경우에도 먼저 빛깔부터 결정하는 사람과 그 형태를 보고 선택하는 사람이 있는데, 이를 다음과 같이 나눌 수가 있다.

1. 빛깔에 관심이 있는 사람은 명랑하고 사교적인 타입이거나 약간 자제심이 약하고 감정적인 성격이 많다. 심리학에서는 조울성 기질, 외향성 기질이라고 부르는 성격이다.

물건을 고를 때 빛깔이 마음에 들었으니 모양은 좀 마음에 들지 않아도 선택하는 타입으로서, 항상 빛깔이 우선한다.

2. 모양에 관심을 갖는 사람은 내성적이고 사교성이 약한 내향성의 타입이다. 이것을 심리학에서는 분열성 기질, 내향성 기질이라고 부른다. 물건을 고를 때에도 빛깔보다 모양이 마음에 들면 비록 빛깔이 불만스러워도 그것을 산다. 모양을 우선한다.

빛깔에 관심이 강한 타입과 모양에 관심이 강한 타입이 있는데 이러한 경향은 옷차림과 소지품에 잘 나타나기 때문에 상대방의 성격 판단에 좋은 자료가 된다. 그러면 빛깔에 대한 취미와 사람의 성격과는 어떠한 관계가 있을까.

 붉은 셔츠를 입은 남자는 감정이 격렬한 성격이라고 쉽게 말할 수가 있겠는가. 그러나 그와 같은 단순한 판단은 위험하다. 빛깔에 대한 사람의 취향은 매우 복잡함으로써 이루어져 있어, 쉽게 결정지을 수는 없다. 특히 빛깔의 취향은 그 사람이 빛깔을 보고 환기시키는 것으로 정해지는 수가 많다. 그리고 유행에 좌우되거나 그 사람의 지식과 교양에 따라, 빛깔의 취향은 변화한다.

 다음의 표는 통계에 의한 결과인데 사람의 성격 판단에 약간의 기준이 될 수 있다.

성 격	선택한 빛깔	특 징
노이로제 히스테리	빨강색	모든 일에 감정적이며 열등감을 지니고 허세를 부리는 경우가 많다. 분수에 넘치는 것을 원하며 허영심이 몹시 강하다. 냉정하게 자기를 객관화하지 못하는 타입.
분열증이나 노이로제	자주색	
조 울 증	핑크·노랑	명랑하며 낙천적인 사교가 타입.
정 신 병 질	백·청·청록	결단력과 실천력이 없다. 수치심이나 애정이 결여된 타입.
끈끈하게 달라붙는 체질	녹색·황록·암갈색	취미와 교제가 좁으며 성실하고 꼼꼼한 타입.
분 열 증	자주·청자주·흑색·암갈색	비사교적이며, 사색가로서, 자기 마음을 잘 드러내지 않은 겸손한 타입.
노 이 로 제	그레이	자주성과 독립심이 빈약하여, 스스로 곤란과 대결할 힘이 없는 타입.

(주) 히스테리형이나 노이로제형의 사람은 빨강과 검정, 핑크와 그레이 등 완전히 대립된 색깔을 동시에 선택하는 일이 많다.

여성의 옷차림과 소지품으로 성격을 판단한다

젊은 여자가 핑크나 빨간 옷차림을 하고 있다고 해서 그 여자의 성품이 화려한 성격이니 경박한 기분파니 하고 쉽게 단정할 수는 없다.

빨강이나 핑크는 젊은 여자들이 즐겨 찾는 색깔로서 문제는 그 색깔을 어떻게 이용하며, 옷차림의 모양이나 균형·조화 등에 있기 때문이다.

똑같은 화려한 색깔이라도 디자인이 소박하여 그 여자에게 잘 어울리는 경우가 있다. 반대로 화려한 색깔을 화려하게 디자인한 옷으로 주변의 시선을 자기에 대한 관심으로 착각하는 여자가 있다.

먼저의 여자는 젊음의 특권을 겸손하게 발휘한 것으로, 보는 사람도 저항감을 느끼지 않으나 뒤의 여자는 분명히 심리적인 면에서 문제가 있다.

젊은 여자는 모두 자기를 아름답게 돋보이기 위해 노력을 아끼지 않는데, 아름답게 보이기 위한 방법이나 본질적으로 지닌 바탕에 한계가 있음을 모르는 여자는, 후자처럼 지나친 옷차림을 하게 된다. 좀 더 관심을 가지면 다른 방법으로 자기를 더욱 돋보이게 할 수 있는데, 그것을 모르는 여자인 것이다.

이런 여자는 여배우나 가수 등에 대한 동경심을 가지며 주위의 시선이나 경멸의 시선을 자신의 아름다움이 돋보이기 때문인 것으로 착각한 모습이다. 이런 타입은 허영심이 강하며 교양이나 지식은 없고 많은 사람들

앞에서 남의 눈을 의식하여 얌전을 빼지만 가까운 친구와 뒤섞여 버리면 본성을 드러내어 무식한 여자로 되돌아간다. 이 사람은 마음씨 착한 여자가 많다.

평소에 집에 있을 때도 화려한 옷차림이나 외출복을 입고 싶어하는 여자는 걸핏하면 친구를 찾아가거나 변화가 같은 데를 배회하는 여자가 많은데 심리적으로 언제나 그러한 욕구가 있어 그것이 어떤 원인으로 억압되면 갑자기 히스테리를 일으키기도 한다.

젊은 여자가 큼직한 팔뚝시계를 차고 있는데 이런 여자는 심리적으로 남자에 대한 강한 콤플렉스를 갖는 경우가 많다. 직장에서의 남자의 기능적인 일에 강하게 이끌리거나 자기가 좋아하는 타입의 남자를 동경하여 자기도 거기에 동화되는 듯한 기분을 갖고 싶어하는 경향이다. 이런 여자는 성격이 담백하며 여자보다는 남자와 어울리기를 바란다.

남자든 여자든 옷차림이나 소지품은 자기 분수에 맞는 것을 선택하는 것이 좋으며 그리고 균형을 잃은 옷차림은 심리적으로도 평형을 잃고 있다고 해도 무방할 것 같다.

만약 상대방 여자가 몹시 화려한 옷차림을 하고 있을 경우, 그것을 간파하려면 다음과 같은 방법을 이용하는 것이 매우 좋다. 우선 머릿속에서 상대방 여자의 화려한 옷차림을 모두 지운 뒤, 소박한 옷차림으로 바꿔 입혀 보는 것이다. 만약 바꿔 입힌 옷차림이 더 본인에게 어울린다면 그 여자는 심리적으로 평형을 잃고 있는 것으로 판단해도 좋다.

상대방의 모습과 체형으로 성격을 읽는다

몸매와 성격

호스티스를 상대로 '뚱뚱한 사람은 악인은 없다' 느니, '대머리는 착한 사람이란 증거'라고 말하는 사람들을 유심히 관찰해 보면, 대부분 머리가 벗겨지고 아랫배가 튀어나온 풍채 좋은 몸매를 갖추고 있다. 그럼 정말로 대머리와 뚱뚱보는 착한 사람일까.

그 사람의 얼굴 생김새나 체형으로 착한 사람인가 나쁜 사람인가를 쉽게 구별할 수 있다면 사람 사귀기가 몹시 편리할 것이다. 그러면 누구나 나쁜 사람과는 사귀지 않을 것이고 경찰관도 범인 체포가 용이할 것이다. 상담할 때 상대방의 몸매로 판단하여 거래를 유리하게 이끌 수도 있을 것이며 여자일 경우라면, 질투가 강한 여자나 히스테리가 있는 여자와는 사귀지 않을 것이다.

그러나 그렇지 않은 데에 세상살이의 재미와 어려움이 있다. 벌레 한 마리 못 죽일 것 같은 사내가 흉악무도한 범죄를 저지르거나, 성실한 사내가 여자를 속이기도 한다. 그리고 얼굴이 험상궂은 사내가 의외로 소심하고 성실한 사람이기도 해서, 이 세상에는 갖가지 드라마가 펼쳐진다. 그야말로 열 길 물 속은 알아도 사람 마음 속은 알 수 없다.

실제로 현대의 과학수사 연구에서는 종래의 정설이었던 유명한 론브로조의 선천성범죄형설을 부정하고 있으며, 범죄인에게 공통된 용모란 존재하지 않으며, 범죄인이 정상인과 다른 징후가 있다는 확정적인 방식은 없는 것으로 되어 있다.

최근의 살인범에는 흉악한 얼굴은 거의 없으며 보통의 인간, 또는 오히려 미남이라고까지 말할 수 있는 단정한 얼굴이 많은 듯하다. 오히려 범인을 취조하는 형사 쪽이 무섭고 사나운 얼굴이 있는지도 모를 일이다.

윌리엄 머취의 『나쁜 종자種子』에서는 다음과 같이 말하였다.

세상 사람들은 살인을 저지르는 인간은, 그 범행이 기괴한 것처럼 용모 또한 무서운 것으로 생각하기 쉽다. 그러나 그러한 생각은 그릇된 생각이다. 실제로 이러한 범죄인은 그 용모나 행동이 모두 보통 사람에 비해 오히려 보다 더 평범한 사람이다. 그들은 우리들이 생각하는 이미지보다 한 층 뚜렷한 이미지를 사람에게 준다.

누구나 얼굴과 몸매는 그 사람의 성격이나 마음을 정확히 나타내지는 못한다.

그러나 용모나 체형별에 의한 성격에는 어떤 일정한 경향이 있으며, 이것은 학문적으로 백 년쯤 전부터 인류학으로서 연구가 시작되어, 마침내 육체와 정신, 형태학과 심리학, 즉 마음과 몸에 걸친 총체적인 인간 연구로 계속 발전했다.

그리고 오늘날에는 인간생물유형학으로서 미국 · 프랑스 · 독일 · 이탈리아의 4개국이 학문적 주류를 이루어, 모두가 체격과 성격과의 상관 관계를 연구하고, 그 연구의 방법론으로서는 이와 같은 두 가지의 서로 다른 것을 구성한다는 데에 어느 단계에까지 이른 듯하다.

그러나 인간의 몸과 마음의 상관 관계에 대한 연구는 아직도 미지의 분야이며, 앞으로의 연구에 기대를 걸어야겠지만, 대머리에다 뚱뚱한 사람이 대체적으로 어떤 성격의 소유자냐 하는 유형적인 구별은 일단 완성을 본 단계이다.

여기서는 마음을 읽는 기술의 중요한 일면을 담당하는 체형과 성격의 관계에 관해 독일의 클레치머 교수의 학설을 바탕으로 각국의 학설을 정리하고 마음을 읽는 기술의 입장에서 고찰해 보자.

• 이런 체형은 조울질이다

1. 몸이 둥글고 뚱뚱하며, 목이 굵고 짧다
2. 어깨는 둥글며 선이 부드럽고 가슴은 작은데 배가 불룩 튀어나온 몸매
3. 팔다리가 짧고 굵으며, 손가락 역시 굵고 짧다

4. 혈색이 좋으며 얼굴이 불그스름해질 때가 많다

5. 피부가 반들반들하고 살결이 곱다

6. 피하지방이 두텁고 부드럽다

7. 얼굴이 도톰하고 둥그스름하다

8. 얼굴 모양은 오각형이다

9. 근육, 골격의 기복이 두드러지지 않고 이중턱인 수가 많다

10. 얼굴의 각 부분이 조화를 잘 이루고 있다

11. 수염은 고루 분포되고 비교적 짙은 경우가 많다

12. 그 밖의 체모도 비교적 짙은 사람이 많다

13. 머리카락은 부드러우며 약간 곱슬곱슬한 경우가 많다

14. 머리가 벗겨지기 쉬우며 더구나 벗겨진 뒤에는 광택이 난다

15. 대머리 부분과 머리칼이 있는 부분과의 경계가 뚜렷하다

이와 같은 특징이 조울질의 전형적인 체형인데, 조울질 타입의 모두가 이러한 특징을 지닌다고는 말할 수 없다. 이를테면 몸매는 조울질이나 수염이 몹시 드문드문 나 있다든가, 반드시 이마가 벗겨진 것은 아니라는 식의 부분적인 예외가 많다.

체형의 특징이 다른 체형과 혼합되어 구별하기 어려운 경우도 있는데 제 각각의 특징을 비교하여 그 비중을 규명할 필요가 있다.

조울질의 성품

조울질의 성품은 사물에 구애받지 않는 양성이다. 누구에게나 친절하며 때로는 유머가 있어 쾌활하고 애교가 있는 사람이 많다. 화를 냈을 때도 결코 노여움을 가슴 속에 품거나 남을 원망하는 일이 없다.

누구와도 쉽게 사귈 수 있는 사교가이며 잘 지껄인다. 또한 마음 속에 무엇을 담아 두지 못하는 성격으로 모든 것을 털어놓는다.

남에게 부탁을 받으면 활동하기를 좋아하나, 행동은 느려서 기민하지 못하다. 동작이 느긋한 데 비해 매사에 활동적이며 일에 열중하기 쉬운 경향이 있다.

조울질에는 조기와 울기의 교대기가 있다. 조기란 이상과 같은 양성의 면이며, 울기란 음성의 우울한 면이다. 조울질의 특징으로서 반드시 조상태와 울상태가 교대되는 시기가 있는데 몇 개월 동안 쾌활하여 양성이었던 조상태에서 갑자기 음성인 우울한 상태로 성격이 바뀌어 버리는 것이다.

지금까지 장밋빛으로만 보였던 인생이 갑자기 회색으로 바뀌고 또 일정 시간이 지나면 원래로 되돌아가는 순환을 정기적으로 되풀이한다.

이 순환기질은 사람에 따라 어느 정도의 차이는 있으나, 명랑한 시기와 우울한 시기가 번갈아 찾아오는 것이다.

그 교대의 기간이나 기분 변화의 정도에도 개인차가 있어 제 각기 다른데, 그 중에는 1년 동안 거의 변하지 않는 사람도 있는데 유심히 관찰해 보면 반드시 이러한 기분의 교대를 발견할 수 있을 것이다.

그리고 조울질에도 양성의 조상태가 강하게 나타나는 타입과, 음성의 울상태가 강하게 나타나는 타입이 있다. 전자는 모든 일에 적극적이고 활동적이며 양성의 면이 두드러지지만 후자는 얼핏 보아 소극적이며 비활동적으로 보여도, 본성이 음성이 아니기 때문에 항상 느긋하고 조용하며, 온화한 인품을 엿볼 수 있다.

조울질의 대체적인 성격으로 보아 '살이 찌고, 머리가 벗겨진 사람은 착한 사람 또는 호인'이라는 결론이 나오는 것인데, 물론 이것은 일반적인 유형적인 결론으로, 조울질에도 예외가 많아서 사기꾼이나 범죄자가 결코 없는 것도 아니다.

조울질은 착한 사람이라고 간단히 결론을 내리는 것은 매우 성급한 생각이며 위험하기도 하여 처음부터 조울질의 선입관이나 편견에 구애받지 않도록 항상 조심해야 한다.

조울질의 비즈니스 상대와 조울질의 여성

조울질 타입과 거래할 경우, 먼저 당신은 너무 끈질긴 교섭은 피하는 것이 좋다. 그리고 일은 되도록 간단명료하게 진행시켜 상대방으로 하여금 호감을 갖게 하는 것이 효과적이다.

상대방이 좀처럼 양보하지 않고 계속 강경한 태도로 나온다면 당신은 솔직한 태도로 자신의 형편을 호소하는 것이 좋다.

조울질의 사람은 남의 괴로움에 대해 동정심이나 배려를 하기 때문에, 인정에 호소하면 나약한 일면을 보이기 마련이다. 그리고 어쩌다 상대방으로 하여금 화를 내게 했을 때에도, 상대방은 이쪽에서 생각하는 만큼 진정으로 화를 내지 않는 경우가 많다.

그리고 노여움을 언제까지나 가슴 속에 품는 일이 없기 때문에, 기회를 엿보아 솔직하게 사과하면 곧 풀린다.

조울질의 사람을 접대할 경우에 너무 자신이 신경을 쓸 필요는 없으며, 조울질은 원래가 양성이므로 곧 그 분위기에 익숙해져서 사교성을 마음껏 발휘한다.

그리고 상대방이 울상태인 듯하다고 판단되면, 가벼운 상태일 경우는 이쪽에서 적극적으로 접근하여 상대방의 울상태를 일시적으로나마 누그러뜨릴 수도 있다. 그리고 심한 울상태이면 섣불리 잔재주를 부리거나 거래에 열중하지 말고 느긋하게 상대방의 페이스에 맞추어 기분의 전환을 기다리는 것이 현명하다.

그리고 조울질의 상대방에게 조심할 것은, 마음씨가 착한 면이 있기 때문에 일단 성립된 비즈니스도 딴 데서 억지로 끼어들어 가로채려고 하면 그만 거기에 넘어갈 수도 있으며, 또 비록 악의는 없어도 말이 많은 편이기 때문에 무심코 남의 비밀까지 털어놓는 수가 있으므로 매우 조심할 필요가 있다.

다음으로 조울질의 여성인데, 이 타입은 대부분 모성애가 강하고 여성적이다. 직장에서 동료가 와이셔츠 단추가 떨어져서 부탁하면 거리낌없이 달아 주며, 모르는 사람의 아기도 귀엽다는 느낌이 들면 곧장 안아 보려는 타입의 여성이다. 원래가 친절하고 호인이기 때문에, 남자로부터 친절한 말만 들어도 쉽게 이끌린다.

이런 여성을 애인으로 삼으면 자신의 모든 일에 신경을 써 주어 현모양처감으로서는 나무랄 데 없을지 모르지만 바람을 피우는 상대나 친구로서의 상대로는 좀 따분한 타입이다.

또한 사랑하는 사내로부터 배신을 당해도 낙천적인 기질이어서, 심한 상처를 입지 않고 다시 꿋꿋이 일어설 수 있는 성격이다. 그리고 또다시 딴 남자에게 정을 붙이고 또 속는 일을 되풀이한다.

- **이런 체형은 분열질이다**
  1. 조울질과는 반대의 유형
  2. 몸의 각 부분이 가늘고 길며 빈약하다. 허리와 팔다리, 손가락 등이 모두 가늘고 길며 섬세하다
  3. 근육과 골격이 빈약하고 피하지방이 적다
  4. 어깨가 튀어나와 있어도 가슴이 두텁지 않으며 늑골이 드러난다
  5. 관절의 뼈마디가 돋보인다

6. 피부 빛깔이 창백하며 혈색이 나쁘다

7. 지방분이 없기 때문에 피부가 까칠까칠하고 살결도 매우 거칠다

8. 얼굴의 골격은 섬세하며, 전체가 조각적이다

9. 관자놀이나 눈 둘레의 골격이 두드러지며 비골이 드러나 있다

10. 얼굴의 윤곽은 달걀 모양

11. 턱이 빈약하고 코가 가늘고 길기 때문에 옆얼굴이 튀어나온 인상을 준다

12. 머리카락은 풍부하지만 딱딱하며 백발이 되기 쉽다

13. 머리가 벗겨지지 않으나 어쩌다 벗겨질 때는 드문드문 벗겨진다

14. 눈썹·수염·가슴털 등의 체모가 짙다

15. 여성인 경우는 솜털이 많다

 이상이 분열질의 특징인데 이러한 특징으로 어느 정도 이미지는 떠오르리라 생각된다. 또한 여성의 분열질을 판별하려면 메마르고 몸집이 작다는 것, 얼굴과 손발의 솜털이 짙고 특히 이마와 귀 밑에 솜털이 많다는 것 등을 들 수 있다.
 분열질의 여성은 머리숱이 많아 더욱 아름답게 보이기도 한다.

분열질의 성품

분열질은 남과 사귀기를 싫어하는 비사교적인 성품으로 조울질의 성격과 정반대로 생각하면 되는데 좀처럼 남과 깊이 사귀지 못하며, 주위에 대해서 몹시 무관심하다.

성품이 매우 꼼꼼한 편이며 내성적인 성격으로 말미암아 쉽게 남을 접근시키지 않는다. 따라서 남이 자기 마음의 영역에 들어오는 것을 완강하게 거부하며 항상 자기만의 마음 속에서 살려고 한다.

사람과 사귀기보다 자연이나 책과 친하고 고독을 사랑한다. 그리고 사람 앞에서는 말수가 적으며 겁이 많고 수줍음을 잘 탄다. 감정은 매우 섬세하고 상처 입기 쉬우며 신경질적이고 흥분을 잘한다.

아름다운 여성에게는 상대방을 의식하면서도 태도가 우유부단하고, 적극적으로 말을 걸거나 친하게 행동하지 못한다. 즉, 분열질은 이처럼 내폐성에 있어, 외부와 적응이 안 되는 현실에서 항상 자기를 도피시키고 있는 것이다.

분열질의 사람 가운데에는 남과 잘 사귀는 사람도 있다. 그러나 이런 타입의 사람은 결코 자기의 깊은 마음을 털어놓지 않으며, 어딘가 마음의 한 구석에 싸늘함을 갖고 있다.

조울질의 성품처럼 친절함이나 따스함이 없으며, 본성은 에고이스트로서 대부분 냉혹하고 냉담한 심정의 소유자가 많다.

그리고 내폐성은 항상 자기의 내부 깊숙이 갇혀 있으려는 타입뿐만 아니라 때로는 남을 깜짝 놀라게 하는 적극적인 태도를 나타내는 수도 있다. 이를테면, 잠자코 있다가 갑자기 공격적 태도로 돌변하여 남을 욕하거나 비판하는 행동을 취하기도 한다. 결국 이와 같은 과격한 행동도 유심히 살펴보면 내폐성의 적극적인 표현으로 볼 수 있다.

조울질의 행동은 항상 느긋하고 때로는 완만하지만, 분열질의 행동은 매우 기민하며 돌발적인 수가 많다. 평소는 겸손하며 소극적이지만 아무도 생각지 못할 상식 밖의 행동을 갑자기 나타내거나 엉뚱한 짓을 하기도 한다. 행동이 재빠른 한편, 몸을 움직이는 작업 같은 것에는 쉽게 지쳐 버리기도 한다.

분열질의 최대의 특징은 의식의 분열 경향에 있다고 하겠다. 말하자면, 마음 속에 상반된 의식이 존재한다는 것이다. 예컨대 극히 사소한 일이지만 점심 식사를 비빔밥으로 하느냐, 백반으로 하느냐 따위의 남이 생각하면 무척 부질없는 일에까지 갈피를 못 잡고 곰곰이 생각하는 것이다.

그것은 마음 속에 비빔밥이 좋겠다는 생각과 백반이 좋겠다고 생각하는 각기 다른 두 가지 생각이 충돌하여 생각의 장애를 빚어 어찌할 바를 몰라 쩔쩔맨 끝에 겨우 택한 것도 결코 마음에 드는 것이 아니라 그것보다는 다른 것이 좋았다는 식으로 후회하는 것이 분열질의 특징이다.

따라서 분열질은 항상 후회하거나 불평불만을 마음 속에 품고 사회에 적응해 나아갈 능력이 결여된 성격의 소유자이다. 그리고 마음 속에 상반된 두 개의 의식, 열등감·소심증·겁·수치심·복종 등에 대해 엘리트 의식·오만·비상식 등이 공존하고 있으며, 조울질이나 뒤에 말할 끈끈하게 달라붙는 체질보다 다루기 어려운 타입의 성격인 것이다.

분열질의 비즈니스 상대와 분열질의 여성

 분열질의 타입이 당신의 비즈니스 상대라면, 가장 중요한 것은 상대방이 경계심을 품는 일이 없도록 조심해야 한다. 왜냐하면 분열질은 당신에게 어느 정도의 의구심을 갖고 대화의 자리에 나올 것으로 예상되기 때문이다.

 그러므로 이쪽에서도 그러한 마음의 자세로 맞선다면 상대방의 경계심을 유발시켜 더욱 신중하게 자기의 내부 깊숙이 자신을 가두어 버리기 때문에 거래는 어렵게 된다.

 오히려 이쪽에서도 담담한 태도로 맞서 결코 마음 속에 딴 속셈이 있다는 인상을 상대방에게 주어서는 안 된다.

 그리고 거래가 합의되면 상대방의 생각이 변하기 전에 반드시 계약을 완전히 마쳐야 한다. 섣불리 구두의 약속으로 마음을 놓으면 뒤에 그 약속이 뒤집어질 가능성도 없지 않기 때문이다. 왜냐하면 분열질은 항상 불평불만형이기 때문이다.

반대로 이쪽에서 생각한 대로 상담이 잘 안 되어 불리하다고 판단되었을 때는 일단 물러나서, 기분을 전환한 뒤 다시금 교섭하는 것이 좋다. 분열질은 마음이 변하는 일이 많다. 상대방은 내성적이며 소심한 성격이기 때문에 이쪽에서 일단 상대방의 속셈을 알아차렸을 경우에는 철저히 매달리는 것이 좋다.

그러나 흥정을 할 경우, 조울질을 대하듯이 상대방의 인정에 호소하는 것은 오히려 마이너스이다. 분열질은 성품이 냉혹하기 때문에 반대로 이쪽의 속셈을 꿰뚫어 보고 고자세로 바뀔 가능성을 생각할 수 있다.

그 밖에 주의할 것은 상대방의 자존심을 다치게 하거나 화를 나게 해서는 안 된다. 예를 들면 결론이 나지 않는다고 해서 상대방을 제쳐 놓고 그의 상사와 직접 결말을 내려고 하거나, 섣불리 서투른 작전으로 상대방을 자극하는 것은 삼가야 한다.

분열질은 매우 신경질이고 감정이 섬세하기 때문에 일단 화가 나면 감정은 좀처럼 해소되지 않는다. 그리고 언제까지나 마음 속에 품고 최악의 경우는 보복을 당하기 때문에 결코 화를 내게 해서는 안 된다.

이러한 상대를 접대할 경우에는 서로가 친해진 다음에 하는 것이 좋으며, 어색한 접대는 상대방의 경계심을 오히려 증가시킬 뿐이며 접대 장소는 상대방의 취미를 슬쩍 알아내서 그것에 맞추도록 한다. 분열질은 심리적으로 복잡한 타입이며 이쪽에서 생각하는 이상으로 뜻밖에 굴절된 심리나 취미를 갖고 있는 수가 많다.

그리고 자신에게는 관대하지만 남에게는 엄격한 것이 분열질의 특징이기도 하여 약간의 실수나 하자에 대해서도 용서가 없다는 것을 알아 둬야 한다. 따라서 납품 뒤의 일에도 유의해야 하며 마지막까지 마음을 놓을 수 없는 힘겨운 상대인 것이다.

여자의 분열질은, 육체보다 정신이 선행하는 타입이라고 하겠다. 메마르고 빈약한 육체에 비해 정신면이 몹시 복잡하게 발달한 여성이라는 느낌이 든다. 심리적으로는 겉과 속이 다른 여자로서, 남자 앞에서 교묘하게 새침을 부리는가 하면 교태를 보이는 등 변덕이 매우 심하여 종잡을 수 없는 여자이다.

일반적으로 남자가 좋아하는 타입이기는 하나, 동성끼리는 평판이 나쁘며 동성의 친구에게도 좀처럼 마음을 허락하지 않는 성품이다. 또한 애증에 강한 특징이 있으며 애인과 잘 지낼 때는 좋지만 배신당했을 때의 증오나 질투심은 대단한 것으로 동반자살이나 그 밖의 어떤 보복도 불사하는 여자이다.

그러면서도 에고이스트이기 때문에 자신은 생각보다 모든 면에서 무질서하지만 남자의 여자 교제는 용납하지 않는 냉혹한 성품이다. 그러나 좋은 면에서는 개성의 매력이나 지적 요소를 내세우는 타입으로서, 동작도 몹시 기민하고 두뇌의 회전이 빨라, 고도로 지성적인 여성은 풍자적이며 비평가이기도 하여, 여자로서는 사색적이거나 논리적인 면을 지닐 수 있다.

• 이런 체형은 *끈끈하게 달라붙는 체질*이다

1. 골격과 근육이 훌륭하고 단단한 체격

2. 체형 전체가 도끼로 쪼갠 듯이 거친 느낌을 주는 몸매

3. 어깨와 가슴이 두텁고 폭이 넓다

4. 팔다리의 골격과 근육이 늠름하며, 허리의 폭은 좁다. 역삼각형의 체형

5. 목이 단단하고 억세며 손발이 크고 완강하다

6. 얼굴도 거칠고 억센 느낌이며 남성적이다

7. 피부는 두텁고 털구멍이 크다

8. 얼굴빛은 적갈색이며 개기름이 흐르고 여드름이 나기 쉽다

9. 얼굴의 골격 가운데에서 턱뼈가 단단하며 아래턱이 발달하였다

10. 살결에 완만한 데가 없으며 팽팽하다

11. 입이 크고 입술이 두텁다

12. 얼굴이 크고 폭과 길이도 길다

13. 얼굴의 윤곽은 긴 타원형이며 대부분 긴 편이다

14. 머리카락이나 체모의 발모 상태는 조울질과 분열질의 중간으로 적당하게 풍부하다

끈끈하게 달라붙는 체질은 조울질의 비만형과 분열질의 메마른 타입의 중간이며, 흔히 근육질이라고 불리는데, 몸매가 단단한 것이 특징이다.

이 체질은 대부분 스포츠 선수 특히 복서·레슬러·유도인 등에 많으

며, 그들의 체형이나 근육 등이 그러한 경기에 가장 적합하기 때문이다.

끈끈하게 달라붙는 체질의 성품

끈끈하게 달라붙는 체질의 특징은 끈질기다는 것이다. 조울질의 느긋한 성격이나 분열질의 우유부단한 성격과는 달리, 망설이는 일이 없이 정해진 목표를 향해 집중적으로 행동하는 타입이다. 이 체질은 자극에 대한 감수성이 둔하기 때문에, 화를 내지 않는 것이 보통이다.

이 자극에 대한 둔함이나 반응의 느낌은, 결국 끈끈하게 달라붙는 체질의 특징인 끈질김을 형성한다. 따라서 복싱이나 레슬링처럼 때리거나 내던지는, 자극이 강한 경기가 이 체질에 적합한 것은 체형이 그 경기에 어울린다는 이유보다도 성격이나 심리면에서의 끈질긴 특성이 요구되기 때문이다.

만약 자극에 민감한 분열질의 복서였더라면 육체적으로 다운되기 전에 정신적으로 KO당한 것도 생각할 수 있다. 그리고 이와는 반대로 호인이며 낙천가인 조울질이었더라면 승부에 대한 집념이 없어, 도저히 목적을 위해 어려움을 극복해 내지 못한다.

그런데 평소에는 얌전하고 자극에 둔감한 반면, 한 번 흥분하면 폭발적으로 화를 내는 수가 있다. 실제로 이런 예는 흔히 있는 일로서 사소한 일에도 화를 내는 것은 언제나 분열질이며, 조울질은 달래는 쪽이다. 그리고 적당히 끌다가 마무리되었을 때 갑자기 끈끈하게 달라붙는 체질이 폭발적으로 화를 내서 이야기가 더 복잡하게 되는 수가 있다.

이 체질의 또 하나의 특징은 성품이 건실하고 의리가 좋다는 것이다. 목적을 향해서는 외곬수로 사회적으로는 착실한 생활을 영위하며 질서를 소중히 여기는 타입이 많다. 모든 일에 융통성이 없으므로 사교적인 면은 없으나, 옳고 그름을 따지는 데는 빈틈이 없다.

남에게 입은 은혜는 반드시 갚을 줄 알며 생활태도가 건전하고, 말수가 적으며 자신이 믿는 바는 조금도 양보할 줄 모르는 완고한 면이 있어 때로는 명령적인 자세로 남에게 강요하기도 한다.

**끈끈하게 달라붙는 체질의 비즈니스 상대와
끈끈하게 달라붙는 체질의 여성**

끈끈하게 달라붙는 체질을 상대하는 비즈니스는 처음부터 이론정연하게 교섭해야 한다. 말에 지나친 비약이나 요령부득한 점이 있으면 이 체질은 자신이 납득할 수 있을 때까지 비즈니스를 진행시키려 하지 않는다.

그리고 이쪽에서 일을 서두르는 기색을 보이면 상대방에게는 자기 페이스로 이야기를 진행시키는 경향이 강하다.

상대방에게서 그런 태도가 보이면 이쪽에서도 느긋한 자세로, 초조하게 굴지 말고 맞설 각오가 필요하다. 그러나 끈질긴 상대방의 페이스에 쉽게 말려들면 이쪽도 상담을 유리하게 전개시킬 수 없기 때문에 우선 상담의 주도권을 이쪽에서 잡고 귀찮게 여기지 말고, 차분히 하나씩 문제를 해결해 나아갈 필요가 있다.

상대방이 끈질긴 것은 천성이기 때문에 이쪽에서도 그것에 대항하여 상대방이 지루하다는 느낌이 들도록 이론정연하게 전개하는 것이 좋으며, 그러한 의미에서의 끈질김을 이쪽에서도 발휘하여 상담의 템포를 주도하는 것이 좋겠다.

아마, 교섭이 성립된 뒤에도 상대방은 꼼꼼한 성격이어서 제대로 된 계약을 원할 것이다. 섣불리 주먹구구식으로 하는 승부로는 상대방이 역부족인 셈으로, 서로 묵계가 이루어졌다 해도 마지막에 각자의 생각이 달라 엉뚱한 오산을 빚을지도 모른다.

이러한 상대는 때로 교섭 상대에 대해 지배적인 태도를 나타내는 수가 있다. 또한 업무면에서도 자기 잘못임을 잘 알면서도, 결코 양보하거나 책임을 지려 하지 않는 완고함이 있는데, 이런 때에는 무리하게 상대방을 납득시키는 것은 옳지 못하다. 자신의 목적을 위해 모든 것을 집중시키면서도 일단 물러나 기회를 엿보아 이야기를 나누어야 한다.

이것은 상담이 어려울 때도 마찬가지로서, 접대로 기분을 바꾸거나 무거운 입을 열게 하여 상대방의 기분을 풀어주면 좋다.

요컨대 미리 정해진 목표에 대해 상대방의 성격에, 초조하게 굴하지 말고 결정타를 날려야 한다.

이 체질을 상대로 할 때는, 이쪽에서도 잊어서는 안 될 일이 있다. 그것은 꾸준한 교제로 상대방이 소중한 거래선 같으면 당신은 인사를 빠뜨려서는 안 된다. 명절의 선물에는 그 내용보다 오히려 형식이 중요하다.

예절바른 질서를 소중히 여기며 형식이나 의례를 좋아하는 이 체질에게는 이러한 마음가짐이 의외로 효과가 크다. 더욱이 의리가 있는 상대이기 때문에 응답도 정중하며, 오랜 기간 뜻밖일 정도로 신용하는 수가 있다.

이 체질의 여자일 경우는 우선 사랑하기 시작하면 당장에 결혼을 생각하는 타입이라고 할 수 있겠다. 연애와 결혼은 별도라고, 해석하려는 사내들에게는 어울리지 않는 여자일는지 모른다. 성적 매력이 풍부해도 마음은 의외로 보수적인 수가 많다.

분열질과는 반대로, 정신면보다 육체면이 선행하여, 몸매가 매력의 포인트이다. 미인이긴 해도 정신면에서의 충실은 중요시하지 않아, 미인 선발대회에 나아가는 것도 대체적으로 이런 부류이다. 따라서 용모와 몸매가 단정하여 총명한 듯이 보이나 머리의 회전은 몹시 둔하며, 지적인 대화나 재담 등이 통하는 상대는 못 된다.

여자 경험이 많은 사내들은 분열질의 여자를 상대로 즐기지만, 겉모습에만 끌리는 젊은 친구들은 이런 스타일의 미인을 뒤쫓는다. 아름답다는 것이 여자의 최대의 가치로 생각하나, 몸매를 빼놓고 나면 내용이 공허하다면, 이것 역시 무슨 소용이 있겠는가. 그러나 현실적으로는 미인에 대한 수요도 많으므로 이런 타입의 여자에게는 어떻게 대응하면 효과적인가를 생각해 보자.

우선 이런 타입의 여자에게는 저돌적인 방법이 가장 효과적이다. 무드 전술이나 읍소 작전 등도 좋겠지만 저돌적으로 나아가 리드하는 것이 필요하다. 자극에 매우 둔감하기 때문에 꽤 시간이 걸린다. 상대방의 체질을 역이용하여 이쪽에서도 끈질기게 밀어붙이고 저돌적인 자세로 나아가도록 한다.

미세하고 교묘한 수단 방법은 필요하지 않으며, 사회적 화젯거리에는 흥미조차 나타내지 않는다. 뿐만 아니라 남자의 속셈을 꿰뚫어 보는 것도 별로 없기 때문에 힘겨운 상대는 아니다.

그러나 당신이 이런 상대와 결혼할 생각이라면 어떤 유혹도 상관없지만, 만약 단순히 놀아 본다는 정도의 생각에 한정할 경우에는 걱정이 따른다. 왜냐하면 이러한 체질의 여자는 처음에는 마음이 쉽게 움직이지 않으나 일단 불이 붙으면 걷잡을 수 없이 활활 타오르기 때문이다. 물론 최종의 목표는 결혼으로서, 오직 그 목적을 위해서는 모든 것을 희생할 수 있다는 각오로 마음을 바친다.

"결혼할 테니까"라고, 만약 당신이 이렇게 말한다면, 상대방은 이 말을 굳게 믿고 결코 당신에게서 떨어지려고 하지 않을 것이다. 심지어 부모와 가정을 버리고 당신을 따를 것이며, 목적을 달성하기까지 끈질기게 물고 늘어지는 결의를 갖는 것이 이 체질이다. 당신이 '결혼'을 암시한다거나 그와 비슷한 말을 한마디도 꺼내지 않았다면 그 여자는 참고 견디며 당신이 그 말 한마디를 하기까지 기다릴 것이다.

여자와 사귈 때는 이미 그 여자와의 이별도 생각해 두어야 한다는 것은 오늘날의 상식이 되어 있다. 섣불리 결혼을 약속하면, 그리고 그 약속을 지키지 않는다면, 이러한 체질의 여자는 어떻게 나올 것인가.

상대방이 조울질 같으면 '이별'은 간단하다. 하찮은 구실이라도 호인인 그녀는 하는 수 없이 이별을 승낙해 준다. 더구나 헤어진 상대에게 호의까지 베풀어 준다. 설령 상대방 남자가 다른 여자와 결혼해도 그녀는 결코 원망 따위를 하지 않는다.

그러나 분열질인 여자와의 '이별'은 매우 복잡하다. 아무리 그럴 듯한 구실이라도 그녀의 마음은 상처를 입을 것이다. 헤어진 상대에게도 결코 호의를 갖지 못한다. 그렇기는커녕 언제나 상대방을 마음 속 깊이 증오할 것이다.

그런데 달라붙는 체질의 경우는 배신당했음을 안 그녀는 폭발적으로 분노할 것이다. 충동적이며 돌발적인 행동을 일으키기 쉬운 이 체질의 성품은 그 당시의 상태, 그때까지의 교제의 깊고 낮음에 따라 고소 및 결혼 불이행의 소송, 그리고 상대방의 집으로 찾아가 소란을 피울지도 모른다.

평소에는 얌전해서 좀처럼 화를 내지 않는 이 체질도 상황에 따라서는 엉뚱한 짓을 저지르기 때문에 상대방의 성품과 기질을 참작하여 현명하게 헤어져야 할 것이다.

이러한 체질의 여자에게는 다음과 같은 이점이 있다. 이 타입의 여자는 남자에게 온갖 정성을 바쳐 받들며 가정적으로도 현모양처형이 많다. 결혼한 남자가 실직해도 대신 돈을 벌어 생활을 떠맡는 일면이 있으며, 근검절약형이기 때문에 남편이 정년퇴직하기까지 만년의 여생을 즐기기에 흡족한 재산을 모으는 여자이기도 하다. 부업을 하고 조그만 가게를 운영하는 등 돈을 벌고 모으는 재주에 능하다.

부지런하기 때문에 살림을 마음놓고 맡길 수 있다. 그러나 성격은 매우 고집스럽기 때문에 남편이 지나치게 얌전하거나 무능력하면 안주장 살림이 될 가능성이 있다.

얼굴의 유형과 성품

사람마다 다른 얼굴을 미리, 정해진 어떤 표준형에 맞추려는 것은 큰 잘못이다. 이 세상에는 어느 유형에도 속하지 않는 얼굴이 많은 법이며, 또 그 유형에 따라 판단한 성품이 절대적이라고도 말할 수 없다. 여기서는 참고로 콜만의 유명한 『얼굴의 유형에 의한 성격』을 요약하겠는데, 이것은 어디까지나 일반적 경향으로 알아 두어야 할 것이다.

왜냐하면 인간은 얼굴의 모양만으로 성품을 판단할 수 있을 만큼 단순하지 않으며, 현대의 복잡한 사회기구나 인간 관계에 대응하기 위해서 가면을 써야 하기 때문이다.

순수 팽창형

이 타입은 누구나 친할 수 있으며, 항상 군중 속의 한 사람으로 끼어든다. 인간 관계는 매우 원만하고 어떠한 환경에도 적응하는 상식적인 사람이다.

행동은 매우 완만하며 몸짓이 몹시 호들갑스러우나, 항상 여유가 있어 보인다. 활동하기를 좋아하고 부지런하다. 지껄이기를 몹시 좋아하나 자기 기분을 솔직하게 말한다. 목소리는 높으며 눈은 반짝거리고 언제나 웃는 얼굴에 표정이 밝다.

타인의 명령이나 규율을 잘 지키고, 더욱이 열심히 실행하는 재능이 있다. 업무면에서는 자발성이나 독창성이 약하지만 실제적이고 현실적인 문제에 대한 양식을 지니며 어려운 사태를 잘 수습하는 조정 능력이 있다. 모든 일에서 현실적인 사람이며 구체적인 일에만 관심이나 흥미와 가치를 인정한다.

모든 일에 전통을 소중히 여기며 모험을 싫어하고 남을 지배하거나 명령하는 것을 싫어한다. 지식을 받아들이는 데는 능동적이지 못하며 학습

한 범위에만 그치는 소극적인 평범한 사람이다.

　가족을 사랑하고, 토지·가옥·금전 등의 재산에도 애착심을 갖는 안정형으로. 결혼은 빨리하며 성생활도 활발하다. 여성의 경우는 다산에, 월경과다가 많다.

긴장 팽창형

　행동은 기민하고 정력적이며, 육체적 노동을 잘 견뎌 내는 체력으로 지칠 줄을 모른다. 잔재주가 많은 편이나 단조로운 작업에 적응하지 못한다. 모든 활동이 외부를 향해 확대되어 가는 외향형의 성격이다.

　기후·풍토·사회에 대해 순응하는 능력이 있으며 친구가 많고 온갖 계층의 사람과도 잘 사귀는 사교성이 있다. 감정은 단순하여 곧잘 화를 내지만 바로 잊어버리는 타입으로서 오래가지 않는다.

　때로는 남의 위에 군림하려 하며 곧잘 능력을 발휘하는 수가 있다. 그러나 그 행위는 대담하고 솔직하나 사물에 대한 명확한 관찰력이 없어, 그 경솔한 면이 주위로부터 거칠고 충동적인 인간으로 이해되기 쉽다. 또한 사색적인 것을 싫어하며 자신의 뜻대로 행동하여 뜻밖의 실패를 가져오는 수가 있다.

　비즈니스는 직관적이고 의욕적이며 센스 있고, 자발성·독창성이 풍부하지만 성급하고 무질서하여 실패가 많다. 자기제어력이 약하고 매사에 절도가 없기 때문에 신바람이 나면 오직 치닫기만 한다. 말하자면 건전한 측근을 필요로 하는 저돌적인 경향이 있다. 지성의 면은 모두가 실제적이고 현실적이며 학습 범위 이상의 적극성을 가진다.

측면 수축형(단단한 직사각형의 얼굴)

무슨 일에나 대담하게 행동하고 항상 무엇인가를 하지 않으면 못 견디는 모험을 즐기는 타입이다. 인간 관계는 좋아하는 사람과 친하게 지내나 싫은 사람과는 절대로 사귀지 않는 뚜렷한 선택형이다. 동시에 사업에서도 선택적이며, 자기가 좋아하는 일에는 탁월한 능력을 발휘한다. 그러나 과도한 경향이 있어 자기를 제어하는 힘이 약하다.

행동은 직선적이고 집중적이며 일에도 급진적이고, 모험적이며 당돌하다. 일단 자신이 벌인 일은 완강하게 해내려 하나, 사고방식에 한쪽으로 치우쳐 판단은 불공평하고 질서가 없다.

거짓말을 하는 경향이 있으며, 때로는 보스 기질을 발휘하기도 한다. 몹시 엄격한 한편, 본능적인 욕구에 대한 제어 및 억제가 결여되는 면도 있으며, 스스로 뉘우치거나 반성하는 힘이 약하여 판단이나 해석은 제멋대로다.

행동의 리듬은 빠르며, 스포츠는 만능형으로서 무엇이건 잘 한다. 모험적이며 남성적인 요소 과잉의 사람이다.

전면 수축형(얼굴의 윤곽과 눈, 코 등이 오똑하고 선이 굵다)

콜만의 학설 가운데서도 특이한 얼굴 모양으로서, 옆에서 바라볼 경우 凸 모양의 약간 높은 얼굴, 凹 모양의 패인 얼굴, 평탄한 모양의 수직성 얼굴 등 세 종류가 있는데 이들을 동시에 포함하는 것으로 해석하면 된다.

이 얼굴 모양은 인간 관계가 선택적이며 친한 상대에게는 사교적이지만 모르는 사람에게는 폐쇄적이다.

상대와 조화를 이룬 인품으로, 엄격과 방종을 피하며 중용을 지키는 균형 잡힌 사람으로, 집단의 조직자로서 통솔력을 발휘한다. 사물의 성격을 잘 이해하여 일하는 데 있어 반성과 예견의 능력을 살려 현실의 사태에 잘 적응하는 실무가이며 지도자형이다.

태도는 차분하고 설득력이 있으며, 외부에 대한 저항력도 강하다. 그리고 예술적 감각이나 과학적인 이해력이 뛰어나 그 방면에도 탁월한 능력을 나타낼 가능성이 있다.

원칙과 질서를 잘 지키고 이론과 실제의 균형을 이루어 강경과 온건의 양쪽에 풍부한 탄력성을 지닌다. 관찰력이 매우 뛰어나, 어렵고 복잡한 문제를 처리하는 능력이 있다.

단체의 책임자나 기업의 지도자로서의 선천적 능력이 풍부하여 우수한 지도력을 발휘하는 균형과 조화를 이룬 인물이다. 그리고 가정적으로는 훌륭한 가장이 된다.

기저 수축형(이마가 넓은 역삼각형의 얼굴)

환경에 대한 적응력이 몹시 빈약하고 친구도 적은 고독형이다. 남에게 쉽게 접근하지 못하며 집단을 싫어하고 남 앞에서의 행동이 어색하고 몹시 서툴다. 항상 조심스러우며 소극적이고 사교성이 없다.

무슨 일에서나 책임지기를 싫어하고 지나친 행동을 몹시 두려워하며, 항상 방어의 자세를 취한다.

한편, 야심가이긴 하나 사색은 상상적, 공상적으로 내부에 가라앉아 통렬한 비평과 풍자를 즐기지만, 실제적인 감각이 없어 아무것도 하지 않으며, 그리고 하지도 못 한다.

상처를 입기 쉬우며, 분노나 증오의 감정이 강하게 작용하며, 때로는 음흉한 보복을 꾀하기도 한다. 또 자기 마음을 잘 드러내지 못하며 격렬한 감정의 움직임은 마음 속에서만 폭발한다. 그리고 음성적이며 고독하고 도피적이다.

행동의 리듬은 돌발적이거나, 전혀 움직이지 않는 어느 한쪽이며, 환경이 쾌적하면 몹시 행동적이고 잘 지껄이기도 한다. 그리고 사색적, 추상적이며 구체성이 없고 현실에서 겉돌며 내향성이다. 결혼은 늦고, 성적으로도 뒤져 독신의 경향이 많다.

4 인간형에 의한 마음을 읽는 기술

돈의 기능과 가치만큼 인간 관계에 큰 영향을 미치는 것은 없다. 부자나 가난한 사람도 모두 각각 돈의 영향을 받아 그 심리가 어떻게 나타나며 움직이는가를 마음을 읽는 기술을 통해서 들여다보자.

인간형으로 마음을 읽는다
The Technic Mind of Read

부자와 가난한 사람

현대에 돈이 지니는 기능과 가치만큼, 인간 관계에 큰 영향을 미치는 것은 없다. 엄연한 사회기구 가운데서 가치체제는 엄청나서, 그것을 무시하고는 인간 관계가 성립되지 않을 만큼의 거대한 존재가 되어 있다. 부자나 가난한 사람도 모두 각각 돈의 영향을 받아 그 심리가 어떻게 나타나며 움직이는가를 마음을 읽는 기술을 통해 들여다보자.

우선 똑같은 부자라 해도, 부모로부터 재산을 물려받은 부자와 졸부가 있다. 대대로 이어온 부자는 세상에서도 부자임을 인정하여 경의를 표하고 부자 자신도 부자인 척할 필요도 없이 여유를 나타내는 사람들이 많다. 그러나 부자의 본질은 구두쇠이며 냉혹하다는 것을 잊어서 안 된다.

부자는 무엇보다 돈을 먼저 생각하고, 돈이 있기 때문에 그 돈의 보전과 이식을 위해 밤낮으로 궁리한다고 생각해도 무방하다. 그렇기 때문에 부자는 이야기가 돈의 문제에 이르면 어김없이 '나는 돈이 없다'는 따위의 겸손을 부린다. 그런 말은 아무도 믿지 않지만 본인은 돈의 보전을 위해 방어벽을 치고 있다.

따라서 부자가 돈을 내놓을 때 좀처럼 선뜻 내놓는 일이 없다. 설사 1만 원의 기부금이라도 본인으로서는 10만 원쯤의 손해로 느끼는 것이다. 그는 돈 때문에 소심해지고 겁쟁이가 되는 것이다.

당대 또는 아주 짧은 기간에 큰돈을 번 졸부, 이른바 벼락부자는 세상에도 별로 알려져 있지 않아 누구도 존경하지 않는다. 부자로서의 역사가 짧다는 것은 대개의 경우 스스로가 돈을 번만큼 부자임을 세상에 인식시키고 싶다는 욕망이 작용한다.

따라서 그들은 적당한 명분만 있으면 돈을 선뜻 내놓는다. 자기로서는 값도 모를 그림이나 골동품에 엄청난 돈을 아낌없이 쓴다. 똑같은 부자라도 졸부가 세상에서 경시되는 것은, 그 돈을 모으기 위한 천박한 성품이 몸에 배어 있고 교양이 낮기 때문이다.

그런데 당신이 이런 상대로부터 사업자금을 빌리거나 상의해 보려 한다면 결코 겁먹은 태도로 이야기를 꺼내서는 안 된다. 신중하고 조심스러우며, 그리고 욕심이 많은 부자에게는 그 자신 없는 태도가 가장 금물인 것이다.

당당하게 가슴을 펴고 상대방의 눈을 똑바로 응시하며 자신이 넘치는 태도로 이야기하는 것이 좋다. 성공 여부를 사전에 곰곰이 생각하는 것은 가장 나쁜 것으로, 그것이 자신도 모르는 사이에 태도나 말에 나타나 상대방의 의심을 사는 것이다.

대대로 이어온 부자들의 심층심리에는 비록 겉으로는 여유가 있는 태도를 취하며 겸손한 척하나, 대부분 돈에 대해서는 강력한 집착력을 간직하고 있기 마련이다. 설령 그 돈의 힘으로 약간의 교양이나 인품을 갖춘 부자가 있다고 해도 돈에 관한 한 집념은 마찬가지이다.

한편, 졸부에게는 돈을 버는 수단에 있어서 비열함은 있었다 해도 대대로 이어온 부자에게서 볼 수 있는 돈에 대한 집착력은 없다. 그것은 자신이 돈을 벌었기 때문에 자신이 있는 것이며, 동시에 돈을 씀으로써 그 힘을 세상에 과시하고 싶은 마음이 강하기 때문이다.

졸부를 상대로 돈을 내놓도록 설득할 때는 돈을 내놓았다는 것이 조금이라도 세상에 알려져, 아무개는 부자라는 것이 선전되도록 하는 것이 요령이라고 하겠다.

부자와 상반되는 존재로서 가난한 자가 있는데, 가난한 사람은 부자에게 대항 의식을 갖지도 않고, 오히려 종속 의식조차 갖는 수가 흔히 있다. 자기가 아는 부자가 있으면 그 부자에 대해 기회가 있을 때마다 종속적으로 행동한다.

그렇다고 해서 어떤 이익을 얻는 것도 아니며 오히려 때로는 손해를 보는 수가 많다. 이처럼 아무런 도움도 안 되는 부자에 대해 마음 한구석에서는 그 부자를 의지하는 마음이 작용하고 있는 것이 가난한 자의 슬픈 측면이다.

빚을 얻어야 할 일이 생겼을 때, 부자에게 부탁하지 않고 가난한 친구에게 부탁하기 마련인데, 그것은 부자가 쉽게 돈을 빌려 주지 않는다는 것을 가난한 자가 가장 잘 알고 있기 때문이다. 결국에 가난한 자는 가난한 자끼리, 의사도 잘 통하고 이해된다는 결과가 되어 버린다.

가난한 자의 심층심리에는 부자에 대한 일종의 동경심이나 존경과 함께, 부자란 구두쇠이며 쌀쌀맞다는 상반된심리가 동거하고 있다. 그리고 가난한 자끼리는 서로가 경멸할 뿐, 힘을 합쳐 잘 살아 보려는 생각 따위는 없다.

나는 가난하다고 평소에 입버릇처럼 말하는 사람도 남이 자기를 보고 가난뱅이라고 말하면 화를 낸다. 그것도 부자의 입에서 나온 말이라면 반발심이 별로 없는데 가난한 자로부터 그런 소리를 듣고 화를 내는 것은 바로 그 가난을 경멸하고, 같은 가난한 자에 대한 대항 의식을 불태우기 때문이다.

가난한 사람은 때로 자신의 분수를 모르고 허세를 부리는 일이 있다. 수입과의 균형이 안 맞는 값비싼 물건을 사들이거나 그것들을 남에게 선물하기도 한다. 값비싼 고급과일을 대수롭지 않게 보내는 것도 결국은 가난한 자의 허영이다. 이것은 남이 구두쇠로 부르기를 겁내고 원치 않으며, 자신이 가난하다는 말을 듣고 싶지 않은 반동심리라고나 할까.

당신의 비즈니스 상대가 가난한 사람이었을 경우에는 그것을 인정하는 듯한 눈치를 보여서는 결코 안 된다. 상대방으로 하여금 오히려 부유한 사람인 줄로 여기는 것처럼 생각케 해야 한다.

거기에서 오는 오해는 결코 당신에게 나쁜 영향을 미치지 않을 것이다.

낙관적인 사람과 비관적인 사람

인간에게는 낙관형과 비관형이 있다. 낙관형은 사물의 판단이나 생각이 항상 자기에게 유리한 쪽만을 중시하며 불리한 쪽을 무시하려는 의식이 작용한다.

이 사업이 성공하면 더욱 크게 벌인다든가, 설령 몹시 어려운 처지에 이르러도 '어떻게 되겠지, 잘 될 거야', 하고 생각한다. 즉 그렇게 될 여건이 적음에도 불구하고 자신에게 유리하도록 해석하는 사람이다. 만약 이 사업에 실패하면 손해를 얼마쯤 본다든가, 어떤 어려운 처지에 놓이느냐는 자기가 생각하기 싫은 나쁜 면을 무시하는 특징이 있다.

낙관형은 양성으로서, 사고방식이 매우 치밀하지 못하다. 작은 일에 구애되거나 꼼꼼히 생각하지 않는다. 항상 인생의 밝은 면만 추구하여 살아가려는 낙관주의인 것이다.

때문에 사업에 실패했을 경우 대책이 준비되어 있기 때문에 낙관하는 것이 아니라 성격적으로 낙천적인 타입이므로 비관적으로 생각할 수 없는 것이다.

이 낙관주의를 뒤집어 보면 아무리 어려운 처지도 극복할 수 있다는 자신이나 늠름함이 있어서가 아니라, 힘든 일이나 고통에는 자신이 없고 견딜 수 없기 때문에 외면해 버린다는 심층심리가 깃들어 있다.

이러한 타입이 비즈니스 상대였을 경우, 객관적으로 판단하여 그 상황이 결코 좋지 않음에도 불구하고 낙관적일 때는 오히려 마음 속에 커다란 불안이 도사리고 있는 수가 적지 않다. 오직 일이 희망적이라는 생각에 의존하여 불안한 심리를 얼버무리고 있을 뿐이다.

만약 당신이 이런 낙관적 인물과 함께 일할 때는 다음과 같은 점에 조심해야 된다. 낙관형은 사물의 관찰력이 철저하지 못하다는 것, 그리고 현실을 직시한 올바른 승부의 판단을 못 내린다는 것, 남에게 속기 쉽다는 것 등이다.

그러나 낙관주의도 한편으로는 유리하게 그 기능을 발휘하는 수가 있다. 낙관적인 태도가 풀이 죽은 주위 사람에게 격려해 주거나 도산 직전이라도 태연스럽게 일을 잘 처리함으로써 신용을 잃지 않게 되는 경우가 있다.

당신이 섣불리 낙관주의에 말려들어 계약하고, 납품을 하자마자 받은 어음이 부도가 나면 큰일이 아닌가. 낙관적 인물의 심층심리를 충분히 알아두어야 할 것이다.

항상 사물의 밝은 면만을 생각하고 언제나 마음 편하게 인생을 보내려는 낙관형과는 달리 무슨 일에서나 항상 나쁜 면만을 중시하여 괴로워하는 비관형이 있다. 만약 거래에 실패하면 손해가 얼마나 될 것인가, 회사에도 체면이 서지 않고 자신의 출세에도 지장이 있겠다는 등 설령 일이 순조롭게 진행되어도 자신에게 불리한 일만을 골라 찾아내어 곰곰이 생각하는 타입이다.

원래 비관형은 소심하고 겁이 많다. 성격적으로는 음성으로서, 사소한 일에 구애되고 신경질적이다. 그리고 일이란 언제나 실패하는 것이 아니냐는 의식이 항상 붙어 다니기 때문에 매사에 겁을 먹어 소극적이다.

어떻게 하면 그 책임의 중압에서 도피하고 싶다고 늘 생각하면서 안절부절못한다.

이 비관주의 심리는 전적으로 성격적인 것에서 유래되어 소심증·신경질·행동 의욕의 결여 등에 의한, 패배에 대한 공포심, 자신 상실과 결부되어 있다. 이것을 더욱 따져 본다면 비관형은 비관할 일이 없으면 더욱 불안한 기분에 빠져 버리는 묘한 심리 작용을 가진다. 오히려 조금은 부족한 일이 있는 것이 본인의 기분이 가라앉는 것이다.

바꾸어 말하면, 비관함으로써 자기를 학대하고, 또한 그럼으로써 긴장과 의욕을 느낀다고 해석할 수 있다. 이러한 비관적인 사람이 당신의 비즈니스의 상대라면, 당신은 현재의 상황이 어떠한가를 먼저 냉정하게 판단한 뒤 일을 시작해야 한다.

비관적인 일들을 늘어놓으면서 우는 소리만 하는 상대방의 태도에 현혹되어 '전망이 어둡다'고 잘못 판단하는 일이 없도록 조심하라. 그 비관적인 태도는 상대방의 성격과 버릇이기 때문에 정도에 따라 적당히 생각해서 좋은 거래선을 놓치는 일이 없도록 해야 한다.

그리고 이런 사람과 함께 일할 때는 항상 상황판단이 소극적이고 비극적이기 때문에 패배주의에 빠지기 쉽다. 그는 생각은 잘 하나 행동이 뒤따르지 못한다는 것 등을 생각해야 된다.

낙관형의 인물 같으면 좋은 일을 확대시켜 더욱더 적극적인 자세를 취하지만, 비관형은 나쁜 일만을 중시하여 소극적인 자세를 취하기 때문에 주위 사람의 사기를 죽이거나 대외적으로 신용을 잃기도 한다.

착한 사람과 악한 사람

세상에서 사람을 판단할 때, 그 사람은 착한 사람이니 악한 사람이니 하고 한마디로 결론을 내리는 일이 있다. 그러나 착한 사람이라 해도 갖가지 종류가 있는데, 착한 사람은 평범한 인생을 보내려고 애쓰며, 항상 자기 분수에 맞게 지나친 욕심을 부리지 않고 남과 경쟁도 벌이지 않으며 다투지 않으려 한다. 언제나 평화로운 마음으로 남과 잘 협조해 나가려는 것이 그들의 타입이라고 하겠다.

그러나 그러한 자세로 사회 생활을 제대로 할 수 있겠는가. 자신 스스로는 무사하게 살 것을 바라도 세상은 넓다. 이 세상에는 교활한 악인도 얼마든지 있으며 남과 다투지 않고 자기 주장을 내세우지 못하면 자신은 언제나 손해 보기 마련이다.

재난은 바로 거기서부터 비롯되는 것이다. 이런 때에 착한 사람은 어떻게 할 것인가. 착한 사람이라 해도 발등에 불이 떨어졌는데 태연할 수는 없다. 적극적인 사람은 맞서서 싸워 그것을 극복하기 위해 노력하겠지만 착한 사람은 불평불만을 아무도 없는 데서 혼자 투덜거리기만 할 뿐, 스스로 나서서 행동하려고 하지 않는다.

쉽게 체념해 버리고, 자기의 영역을 지키기 위한 최저의 용기조차 갖지 못한 성격이라고 생각할 수도 있다.

그렇다고 해서 착한 사람이 언제나 손해만 보는 것은 아니다. 그들은 남과 다투지 않기 때문에 원한이나 미움을 사지 않는다. 남을 밀어붙이는 짓은 하지 않는다. 이런 사람은 집단에서 온건파로 불려 항상 대세에 순응하고 실리를 추구하는 약삭빠른 사람이라고도 할 수 있겠다.

그렇기 때문에 그런 사람은 결코 스스로 나쁜 짓을 하려고 하지 않는다. 그런 사람이 나쁜 짓을 할 경우는 남이 하는 일에 끼어들어, 남이 하기 때문에 자기도 한다.

다수가 그렇게 했기 때문에 자기도 그에 따랐다는 그런 자세이다. 그리고 결코 나쁜 일에 앞장서지는 않으나, 그것을 거절할 용기가 없다. 또한 상대방으로부터 매수되거나 나쁜 짓인 줄 뻔히 알면서도 어쩔 수 없이 여러 가지 사정에 이끌려 본의아니게 가담하는 경우가 역시 그런 사람의 성격의 특징이다.

결국 착한 사람의 심리는 체념과 교활함이라는 것에 결부되는 성싶다. 착한 사람이 당신의 비즈니스 상대였다면 당신은 일하기가 매우 쉬울 것이다. 자신이 적극적인 자세를 취할수록 상대방은 다투지 않고 양보의 자세를 취하기 때문이다.

착한 사람을 굴복시키기 위해 여러 가지 마음 속으로 생각할 필요가 없다. 왜냐하면 그런 사람도 악인과 차이가 없기 때문이다. 그 사람이 악인과 다른 점은 살아가기 위한 자세나 수단뿐, 다른 것은 아무것도 없다. 경우에 따라서는 악인 쪽이 더 마음씨가 착해서 손해를 보는 수가 많다.

그리고 주의할 것은 그런 사람은 비록 당신의 공격에 약하지만, 다른 제삼자의 공격에도 약하다는 것이다. 매수 작전으로 마음놓고 있다가 언제 뒤집힐지 모르는 것이 그런 사람이기 때문이다.

한편, 악한 사람은 어떠한가. 착한 사람은 스스로가 나쁜 짓을 하지 않으나, 그 동기가 어떻든 간에 나쁜 짓을 한다는 점에서는 악인과 다를 바가 없다. 착한 사람이 마음씨 좋아 보이는 자세로 세상을 기만하고, 사회로부터 대접을 받는 것에 비해, 악인은 악의 딱지가 붙어 처음부터 기가 죽어 버리는 일면이 있다.

진짜 악인이야 별개이지만 보통 악인은 행동이나 생활방식이 뚜렷하다. 세상 사람들부터 나쁜 놈이란 소리를 듣는 인물은 남을 기만하고 사기를 치며 교묘하게 법망을 피하기는 해도 착한 사람인 척하지 않는 만큼 착한 사람보다는 행동이 분명하고 뚜렷하다.

잔재주를 부려도 그 속셈이 뻔히 보이며, 누구나 '그 녀석 같으면 하고 남을 일임'을 잘 알고 있다. 만약 경계했는데도 당했다면 당한 쪽이 오히려 이상하다고 말할 수 있을 것이다.

세상에 악인으로 불리는 인물은 본디 단순하기 때문에 스스로 나쁜 짓을 하며 욕망대로 행동하는 외곬수의 생활방식이다. 이런 짓을 하면 남이 어떻게 생각할까, 하는 따위는 생각하지 않는다.

오직 자기만이 좋으면 되고 남이야 어떻게 생각하건 상관없다. 거기에 비하면, 착한 사람은 진짜 악인이 될 수 있는 소질이 있다. 진짜 악인이란 온갖 나쁜 짓을 하는 인간을 가리키는 것으로서, 악인이 과연 악인답게 행동하고 사람들로부터 악인이라고 지탄을 받아도 그것은 결코 악인이라고 할 수 없을는지도 모른다.

그리고 이런 악인도 있는데 어떤 나쁜 짓을 하는 것은 아니나, 자기 이익도 되지 않건만 남에게 훼방을 놓고, 온갖 심술을 부리기를 좋아하는 인물이 있다. 이런 악인이 세상에는 많은데 그것은 그 나름대로 남에게 그 인간성을 폭로하고 있기 때문에 지극히 단세포라고 해야 할 것이다.

결국, 악인에게는 심층심리는 없다고 생각할 수 있겠다. 그들은 바로 자기 이익과 결부되거나, 실행이 가능하다고 생각하면 곧장 행동으로 옮긴다는 의식을 갖고 있을 뿐이다.

악인을 상대하는 비즈니스 역시 간단하다. 대부분의 경우, 자기 이익만 있으면 된다는 생각에 그 밖의 일에는 별로 고려할 여지가 없기 때문이다. 다만 일을 성사시키기 위해서 그 일과는 관계가 없어도 약간의 테크닉과 마땅히 거쳐야 할 수속은 거치도록 해야 할 것이다.

그 예를 들면 상대방의 개인적 이익을 도모해 준다 해도 악인은 자기 신변에 대해서는 매우 조심스럽다. 상대를 신용할 수 있게 하기 위해서는 그에 상응하는 교제가 필요하며, 개인적 이익을 주기 위한 구실이라든가, 정당성 그리고 사실은 실재하지 않으나 도움을 받은 사례니 어쩌니 하는 등을 형식적으로나마 기회를 만들 필요가 있을 것이다.

인텔리와 비인텔리

인텔리는 지성인이며 비인텔리는 지성인이 아니라고 하는 것은 매우 당연한 것이지만, 실제의 사회 생활에서는 인텔리나 인텔리가 아닌 사람도, 그 생활방식에서는 별다른 구별이 없다. 다만 인텔리에게는 인텔리 특유의 타입이 있고 비인텔리에게는 그다운 타입이 있어, 제 각기 성격적으로 다르다.

인텔리라면 지식이 풍부해서 사람들이 경의를 표하는 경향도 있는데,

인텔리의 지식이라는 것은 단순한 전시용의 액세서리에 불과한 것이 대부분이라고 하겠다.

흔히 취직시험 때가 되면 매체에서 입사시험의 정답을 기사로 싣는 일이 있다. 대학 졸업을 앞둔 어엿한 인텔리인 그들이 터무니없는 엉뚱한 답안지를 거리낌없이 내는 것을 생각하면 인텔리의 지식이라는 것도 뻔하다고 할 수 있지 않겠는가. 특히, 현대의 인텔리는 지식을 지식으로서만 받아들여 그것을 실생활에 이용하려고 하지 않는다. 더구나 그 지식이라는 것이 잡다하고 지나치게 많다.

원래 지식이란 그 사람의 일상 생활에 활용하기 위해 존재하고 개발하는 것으로서, 결코 재미 삼아 학교에 가서 배우는 것이 아니다.

그러나 지식은 발달했지만 일상의 생활 태도는 그렇지 못하여 일반인과 전혀 다를 바 없는 것이 인텔리이다. 그렇기 때문에 인텔리는 따지기를 좋아하고 구사하는 어휘가 풍부하고 논리적이어서 상식적인 것도 부질없는 이론을 늘어놓는 것이 특징이면서도 행동이 뒤따르지 않는다.

이론만 잔뜩 늘어놓았을 뿐 문제를 최후까지 추구하지 않는다. 말로는 못 하는 것이 없지만 제대로 정리되거나 결론을 내지 못하여 즉흥적인 데가 있어 변덕쟁이가 인텔리라고 생각해도 좋을 것이다.

인텔리는 서민을 매우 우습게 여긴다. 서민들은 지식이 없기 때문이다. 그러나 그들은 생활면에서는 시민과 조금도 다를 바가 없다. 이래서야 무엇 때문에 지식을 배웠는지 알 수 없다. 결국 인텔리의 마음 속에는 지식에 대한 두려움과 허영이 가로 놓여 있다고 생각해도 좋을 것 같다.

지식에 대한 두려움은 자신이 없다는 것과 결부되며 허영은 그것을 커버하기 위한 것이다. 따라서 인텔리는 타인에 대한 경계심이 서민보다 몹시 강하다. 처음 만난 상대방에 대해 매우 딱딱한 태도로 대하는 것도 모두 자신이 없다는 것과 허영 때문이다.

인텔리는 개인 의식이 매우 강하며 철저한 이기주의자이다. 버스 안에서 담배를 피우는 사람에 대해서는 모르는 척하고, 노인에게 자리를 양보하기 싫어하는 자를 보면 거의가 인텔리이다. 남의 고통은 자신에게 아무렇지도 않다. 남의 고통을 잘 알고 있기는 하나 동정심이 없다. 인정이 메말라 있어 냉혹한 것이다.

이러한 인텔리가 비즈니스의 상대라면 상대방의 허영과 자신을 못 갖는 그 성격을 무엇보다 잘 이용해야 한다. 이쪽에서도 상대방의 지식에 대항하기 위해 거래에 대해서 철저하게 풍부한 지식을 갖추고, 상대방의 나약한 자신을 뒤흔들어 놓는다. 상대방이 멋대로 말하도록 하여 그 지식의 정도를 알아내고는 자신의 지식을 전개한다.

이때 상대방의 허영심을 다치지 않도록 조심하면서 그를 철저하게 허물어뜨린다. 이론 겨루기가 인텔리의 승부이며, 논리적으로 이야기해야 한다는 것이 인텔리의 약점이기도 하다.

그들은 논리에 맞지 않는 이야기, 이치에 어긋나는 이야기는 할 수 없으니까, 이때에는 어설픈 지식이 불리해진다. 더구나 인텔리의 심층심리에는 지적 권위에 대해 몹시 약하다는 경향이 있어 상대방의 지식이 자기의 지식보다 낫다고 느끼면 쉽게 물러서지만, 자기가 상대방보다 낫다고 생각하면 짓밟으려고 한다.

때문에 인텔리끼리의 비즈니스에서는 설령 상대방이 소중한 거래선이라 해도 이쪽에서는 확신 있는 태도로 임해야 한다.

그러나 상대방이 서민일 경우는 이야기가 다르다. 인텔리는 무엇보다 지식이 우선되지만 서민은 자기의 체험을 믿는다. 인텔리가 소중히 여기는 지식도 체험에 의한 반증이 없는 한, 결코 믿지 않는다. 따라서 서민에게 아무리 고급의 지식을 내세워도 효과가 없다.

서민에게는 허영이 없으며, 지식을 농락만 했지 행동이 뒤따르지 않는 인텔리와는 달리 무슨 일에서나 말보다 먼저 실천하는 것이 서민의 특징이다. 서민은 언제나 상식적이며 실질적인 생활 태도를 취한다.

분수를 지키고 자기 나름대로 살아가는 것이 서민이기 때문에 허세를 부릴 필요가 없다. 이러한 성격 때문에 누구와도 곧장 친해질 수 있으며, 개방적이고 처음 만난 상대와 허물없이 사귈 수 있다. 서민은 지식이 있느냐 없느냐는 것으로 상대방을 계산하지 않는다.

이런 서민적 사람과의 비즈니스에는 인텔리가 사용하는 지식이나 이론은 아무런 쓸모가 없다. 상대가 인텔리라면 상대방의 지적 수준과 감각에 맞추는 것을 먼저 생각해야 한다. 그들의 체험에 의한 지혜나 몸에 밴 생활의 지혜는 관념 위를 맴도는 인텔리보다도 훨씬 배울 바가 많다.

그들의 마음 속에 파고들고 어울릴 각오만 있으면 된다. 인텔리가 노는 것도 별 차이가 없다.

서민의 약점은 물질적인 권위에 약하다는 것이다. 인텔리가 사상이나 학문의 지적 권위에 약한 것처럼 서민은 돈이나 직함에 약하다. 관청, 대회사의 조직 같은 것에 위압당하는 것도 서민의 특징이다.

지배자형의 사람과 비지배자형의 사람

인간의 타입 가운데에는 무슨 일에나 남에게 호령이라도 하지 않고서는 못 견디는 사람이 있다. 이를테면 어떤 조직의 위원, 시장 번영회 간부, 동창회 등의 간사, 노동 조합 또는 그 밖의 무슨 동업 조합 등등. 그는 사람이 모이는 곳이라면 어디건 나서서 참견하고 앞장서며 결국에는 그 집단의 지배적 지위에 오르려는 타입이다.

한심한 예로는 여자들끼리 모이는 학교의 자모회 같은 데까지 나아가 간부가 되어서는 어설픈 교육론을 펼치는 영문을 알 수 없는 사내도 있다.

이런 지배자형의 인물은 처음 만남이라도 곧 알 수 있다. 우선 내미는 명함이 매우 호들갑스럽다. 대수롭지 않은 직함이 몇 줄씩 잔뜩 인쇄되어 있으며, 활자도 유난스레 큼직하다.

그리고 처음 만난 사람이건 연장자이건 가리지 않고 오랜 지기처럼 허물없이, 무례하게 대하는 것이다.

이것은 개방형의 일종이긴 하나, 사교적이 못 된다. 이야기를 독차지하여 상대방에게 말할 기회를 주지 않으며 상대와 대등한 태도로 사귀지 않는다. 오직 자기의 의견을 고집하고 상대방에게 강요하는 등 제멋대로이다.

이런 사람을 만나면 지배자형으로 생각해도 틀림이 없다. 그는 많은 사람이 모인 자리에서는 제일 먼저 발언하고 자기 의견을 내세워 남을 억압하려고 한다. 그래서 남들이 경원하거나 반감을 갖게 하는 매우 곤란한 존재인데, 본인은 그런 것을 전혀 아랑곳하지 않는다. 언제 어디서나 항상 주역 노릇을 하고 싶어하는 성격인 것이다.

지배자형의 심리적 특징은 '내가 나서면 안 될 일도 된다'는 식의 자신 과잉에 있는 듯하다. 그리고 명예욕에 사로잡혀 남 위에 올라선다는 것으로, 자존심이 매우 강하다.

따라서 이런 타입이 동료이거나 비즈니스 상대라면 남을 지배하고 싶어하는 그 성격을 잘 이용하여 적당히 그의 비위를 맞춰 주며 앞장을 세우는 것이 좋다. 그러면 그는 몹시 만족하여 매우 힘겨운 문제도 기꺼이 해결하려고 노력할 것이다.

그는 남을 지배한다는 것이 사는 보람이기도 해서, 그 때문에 열심히 활동한다. 이쪽에서는 그의 행동을 높이 평가해 주면 명예심이나 공명심도 만족시켜 줄 수 있다. 또한 지배자형의 인물은 자기의 이익에는 별로 관심을 나타내지 않는다는 특징도 있다.

'과연 당신다운 데가 있다' 든가 '당신 같으면 틀림없이 해낼 수 있을 것이다' 등으로, 교묘하게 상대방의 자존심을 부추기면 철저하게 덤벼드는 단순한 사람인 것이다. 그들은 '사내끼리의 약속이니, 당신을 대장부로 믿는다' 는 등의 말에 무척 약하다.

이 타입의 결점은 남의 의견을 받아들이지 않고, 자기의 주장을 내세우고 직선적이기 때문에 너무 지나쳐서 탈선하는 위험이 있다. 그것을 잘 조정만 한다면 성격은 단순하기 때문에 다루기가 쉽다. 그리고 지배자형은 자기가 집단에서 배척되거나 소외당하면 훼방을 놓는 수도 있다. 아무튼 직선적인 성격을 잘 이해해야 된다.

세상이 지배자형의 인간뿐이라면 매우 곤란하겠지만, 그것이 세상살이의 미묘한 점으로서, 지배 받는 입장에서 아무런 불평불만도 없는 피지배자형의 인물이 있기 마련이다.

그렇다고 지배자형보다 못난 데가 있느냐 하면 전혀 그렇지도 않지만, 성격적으로 나서기를 싫어해서 집단의 리더 등으로 추대되어도 결코 맡으려 하지 않는 인물이 있다. 능력이나 자신이 없어서가 아니라, 많은 사람으로부터 신임을 받고 있으면서도 굳이 사양하는 것은 심리적으로 강한 자기확장욕이 없기 때문이다.

그런데, 피지배자형의 인간은, 지배당하는 입장에서 만족하고 있는 것일까. 그러나 실제로는 만족하고 있지는 않다. 자기에게 아무 피해가 없는 이상, 그렇게 처세하는 것이 편하기 때문인 것이며, 지배자형은 자기가 좋아서 하는 일인 만큼 굳이 따지고 싶지 않다는 생각도 작용한다.

지배자형의 인물이 실력이나 재능이 없어도 남의 위에 올라서고, 참모가 그 뒤에서 그 사람을 조종하는 경우가 있는 것도, 서로의 특징을 잘 살리는 예일 것이다.

따라서 피지배자형과의 비즈니스에서도, 상대방이 나서지 않는다 해서 적극적으로 나서면 안 된다. 그들은 이쪽에서 지나치게 굴면 오히려 그것을 빙자하여 반격해 오는 수가 있다. 심리적으로 지배자 같은 직선형이 아니라, 의외로 마음 속에 굴절된 심리를 지닌다고 생각해야 할 것이다.

옹고집쟁이 인간

사람은 누구나 자기 중심으로 사물을 생각하기 마련인데, 사회생활을 하는 데 그러한 생각이 언제나 남에게 통한다고는 할 수 없으며, 오히려 여러 가지 곤란한 문제가 많아서 융통성 있게 살아가도록 해야 된다.

그런데 그 중에는 오직 자기 생각만을 고집하여 결코 타인과 타협할 줄 모르는 융통성 없는 인물도 있다. 이것이 이른바 고집불통이며, 자기 자신이 납득할 수 없는 일은 도무지 믿지 않고, 비록 자기에게 손해를 끼쳐도 결코 생각을 바꾸지 않는다.

이런 인물이 남편이거나 아버지이기라도 하면 가족은 여러 가지로 애를 먹기 마련이다. 이를테면 친척의 결혼식 피로연에서 자기 자리의 순위가 비위에 안 맞는다고 자리를 박차고 돌아가거나, 자식의 배우자를 인정할 수 없다 하여 집안에서 쫓아내는 고집스러움을 나타낸다.

이러한 행동은 비즈니스의 면에서도 마찬가지로, 자기가 정한 일은 어떠한 조건에도 결코 타협하지 않는 옹고집을 부린다. 세상의 상식이나 관습에 전혀 아랑곳하지 않고, 융통성이 없어 비합리적인 행동을 하기 쉬운 것이 특징이다.

그러나 옹고집쟁이는 한편으로는 정직하고 성실한 인간이기도 하다. 자신의 생각이 그릇되었음을 알면서 고집을 부리는 것이 아니라, 오직 자신의 생각이 옳다고 굳게 믿기 때문인 것이다. 그런 만큼 남이 억지로 그 그릇된 생각을 고쳐 주려고 하면 도리어 오해와 반감을 빚는다.

이 옹고집을 조정하려면 결코 논리적으로 설득시키려 해서는 안 된다. 완고하고 고집스러운 그 속에 깃든 정직함과 성실성을 잘 이용해야 한다. 우선 상대방의 주장을 들어주고, 그것에 이해를 보임으로써 고집스러운 마음을 풀어 보도록 한다.

당장 상대방의 비리를 따지는 것은 마치 불에 기름을 붓는 것이나 다름없다. 만약 그 옹고집이 어쩔 수 없을 때는, 한번 완고하게 맞서 보는 것도 좋다. 옹고집은 완강하게 자기 생각을 실행할 터이니까, 그 결과의 실패를 본인으로 하여금 스스로 깨닫게 하는 것이 좋다.

옹고집의 장점은 일단 타협이 이루어지면 이번에는 설사 자기의 이익과는 달라도 그것을 존중하여, 상대방을 배신하는 따위의 일은 하지 않는다.

에고이스트

제멋대로 구는 사람을 에고이스트라 일컫는다. 인텔리에게 비교적 많으며, 심리적으로는 자아 의식이 매우 강하기 때문에 남에게 영향을 받기 싫어하며, 그리고 자기는 오직 자기라는 식으로 생각하며 행동한다.

타인이 무엇을 어떻게 생각하건, 전혀 관심이 없다. 따라서 남에 대한 배려나 동정심도 없고 몹시 냉혹하다. 남에게 지배당하기를 거부하고, 타인에게 관심이 없기 때문에 지배하지도 않는다. 그리고 자존심이 남보다 몹시 강한 것이 특징이다.

이런 타입의 사람이 당신 주변에 한 사람쯤은 반드시 있기 마련인데, 결코 도움이 될 만한 인물은 못 된다. 이쪽에서 몇 번이고 돈을 빌려 준 일이 있다고 해서 한 번쯤 돈을 빌리기를 청하면 거절하고서 태연할 수 있는 인물이다. 자기가 전에 은혜를 입은 것은 당연한 것으로 여기며 그것에 대한 일에는 몹시 냉담하다. 그리고 무척 변덕스러워 남과의 약속도 쉽게 어기기 때문에 신용할 수 없다.

결국 에고이스트와의 교제에는 상대방과의 사이에 거리를 두는 것이 좋다. 그는 자존심이 매우 강하기 때문에 그것을 건드리면 비즈니스는 실패할 가능성이 많다. 이쪽에서 요구를 내걸어도 결코 받아들이지 않고 인정에 호소해도 냉담하게 거절할 뿐이다.

그러나 상대방은 자기의 이해에 민감하기 때문에 이것을 이용한다면 좋을 것이다. 일단 결정된 약속이라도 어떤 변덕을 부려 언제 약속을 어길지 모르기 때문에 끝까지 마음을 놓아서는 안 된다.

몹시 까다로운 사람

평소에 무슨 일에서나 일그러진 사고방식과 행동을 하기 쉬운 타입이다. 그러므로 완고스러움은 없는데, 자기의 생각이나 취향이 한쪽으로 치우쳐 있어 까다로운 것이다. 이런 타입의 인물이 하는 말이나 행동을 유심히 살펴보면 그들 나름의 이유가 있는 듯하다.

그러나 그 이유는 매우 변칙적으로서 보통 사람에게는 잘 이해되지 않는 경우가 많다. 어떤 철학자는 "까다로운 인물은 그 규칙이 그들 이외의 누구에게도 통용되지 않는, 일종의 일그러진 질서의 소유자"라고 정의하였다.

그런데 이 일그러진 질서가 문제인데 직장에서도 이런 상사가 있으면 젊은 사원들은 애를 먹는다. 이를테면, 제대로 결재가 난 것도 똑같은 케이스가 다시 통한다고는 할 수 없다. 그런 엉터리 같은 경우가 어디 있느냐고 젊은 사원은 분통을 터뜨리지만, 상사에게는 상사 나름의 생각과 논리성이 있는 것이다.

그래서 젊은 사원은 이 까다로운 상사가 몹시 변덕쟁이라고 결론을 내리고 만다. 다시 말해서, 기분이 좋아서 결재했으나 두 번째는 그 반대였기 때문에 결재가 안 난 것으로 생각한다.

그러나 이 사원의 해석은 정확하지 않다. 두 번째가 아무리 기분이 좋았어도 그 상사는 거부했을 것이다. 상사에게는 그 나름대로 정당한 거부의 이유가 있기 때문이다.

그러면 이렇게 까다로운 사람과의 비즈니스에는 어떠한 테크닉이 좋은가를 생각해 보자. 우선 이 타입이 어떤 일에 까다로운가를 파악하고 이야기를 잘 진행시키고 서류를 작성하는 법이며, 상대의 말씨나 태도에 충분히 신경을 써서, 결코 대충 해 치운다는 인상을 피해야 한다. 몹시 힘들겠지만 상대방이 어떻게 나오는가를 유심히 관찰하면서 페이스를 맞추도록 하는 것이 현명하다.

그리고 상대방의 성품을 미리 알아차리고 상대방이 어쩔 수 없이 받아들이도록 일을 진행시키면, 그는 기꺼이 당신의 이야기에 귀를 기울일 것이다.

특히 이야기의 진행법으로는 "이건 어떻겠습니까" 하는 식으로, 사소한 일이라도 반드시 먼저 상대방의 의견을 묻는 것이 좋다. 성격이 까다로운 사람은 일단 그것을 떠맡고, 자신이 마음에 드는 일이라면 매우 친절하다. 이쪽에서 보면 아무래도 상관없을 일까지 신경을 써서 결코 아무렇게나 처리하지 않는 훌륭한 면도 있다.

몹시 오만한 사람

인간이란 누구나 자신이 조금이라도 성공한 것 같으면 자만하여 오만해지기 쉽다. 인기가 오르기 시작한 가수, 탤런트 같은 연예인, 사업이 호황인 사장, 영전한 샐러리맨 등 예를 들자면 끝이 없다.

그리고 그들은 때와 장소를 가리지 않고 자신의 오만함을 발휘하여 우쭐해져서 만족한다. 이런 타입의 공통된 심리는 무엇보다도 우선 자신을 갖고 있다는 것이다. 그 인물의 오늘이 있게 한 것은 행운이 도왔다고는 하나, 본인의 힘이 곁들었음은 틀림없기 때문이다.

그러나 또 한 가지 빼놓을 수 없는 것은, 비굴한 일면이 있다. 자신과 비굴이 공존하는 것이다. 그것은 현재의 처지 · 지위 · 경력 등에 우쭐해져서 자만할 가치가 있다고 그들 나름대로 인식했기 때문에, 조금이라도 자기보다 높은 사람에게 몹시 비굴해지는 것이다.

그리고 오만한 인물이라도, 현재의 안락한 처지를 행운으로서 얻은 경우는, 자신의 비굴이 더욱 극심하다. 자신도 진짜 자신이 아니기 때문에, 비굴한 면이 드러날 때는 굽신거리며 치사스러운 사람이 되어 버린다.

그러면 오만한 인물과의 교제는 어떻게 해야 하는가. 그들은 자신을 갖는 만큼 콧대가 높아 몹시 사귀기가 힘들다. 상대방의 오만한 태도를 인정하면 상대방은 더욱더 오만해질 뿐이다.

따라서 이쪽에서도 오만스러움으로 대하는 것이 방법이기도 하다. 다음으로는 상대방의 오만한 태도를 이쪽에서는 조금도 눈치 채지 못한 척하며 상대하는 방법. 이것은 상대방이 으스대 보려는 오만함이 먹혀 들지 않기 때문에 효과가 있다.

그리고 상대방의 비굴한 심리를 찌르는 방법으로서, 상대방이 줄을 대고 있을 성싶은 높은 지위의 사람이나 조직이 자기와 상당히 친한 듯이 암시하여 그가 오만스러움을 발휘할 수 없도록 함으로써 일을 유리하게 전개하는 것이다.

거드름을 피우는 사람

거드름을 피우는 인물이 있다. 일반적으로 오만한 타입보다 높은 지위의 인물로서, 이류회사의 중역이나 매스컴 같은 데서 이름이 약간 팔린 유명인 따위이다. 그들은 실제로는 자기 실력에 걸맞지 않는 지위에 올랐으나 스스로의 지위를 남에게 과시하고 싶어서, 그것을 표현하기 위해 거만한 자세를 취하는 것이다.

거드름을 피우는 사람의 심리에는 자기 자신을 신용할 수 없는 기분이 강하게 작용한다. 그는 타인이 자기의 지위를 높이 평가하지 않는다고 믿어, 그것을 조금이라도 태도로서 상대방에게 인식시키려 하기 때문에 항상 거드름을 피우는 것이다. 다시 말해서, 지위와 자신이 완전히 일치되지 못하고 있는 것이다.

그러므로 그들은 그와 같은 자신의 약점을 잘 알고 있으며, 그 약점을 태도로 눈가림하게 된다.

이런 사람을 사귀는 것은 간단하다. 될 수 있는 한 상대방의 약점을 건드리지 말고 그 거드름을 솔직하게 받아들여 경의를 표하는 것이 좋다. 상대방이 자기의 지위를 존경하면 그는 기분이 좋아질 수 있는 것이다. 따라서 적당히 비위를 맞추는 말이나 추켜세우는 데에 약점이 있다. 오만한 타입의 인물을 대하듯이 이쪽에서도 거드름을 피우며 맞서면 아무런 효과가 없다. 그는 심리적으로는 비굴한 면이 없기 때문이다.

또한 거드름을 피우는 상대방의 약점인 자신과 지위의 불일치를 잘 알고 있다는 태도나, 그 지위를 높이 평가해 주지 않으면, 상대방은 더욱더 거드름을 피우는 것이다.

5 상대방의 잠재심리를 읽는 비법

인간의 관심은 그 시선의 움직임에 따라 측정할 수가 있다. 인간이란 어떤 것을 잠재 의식으로 품고 있으면 스스로 의식하지 않아도 그것에 관심이 끌려 가게 마련이다. 그것이 가장 뚜렷하게 나타나는 것이 시선의 움직임이다.

잠재심리를 읽는 기술
The Technic Mind of Read

착각에 의한 잠재심리의 판단

사람은 누구나 흔히 착각을 일으킬 때가 있다. 회사에서 거래처에 걸어야 할 전화를 그만 깜빡하여 자기 집이나 애인에게 다이얼을 돌리는 따위이다.

이런 착각을 한 상대방에게 어떤 곳에 정신이 팔려 있었는가를 곰곰이 생각해 보면 반드시 짐작이 가기 마련이다.

이를테면 오늘은 며칠 전에 주문한 물건이 집에 오기로 되어 있어서, 그것을 머리에 떠올린 적이 있었거나, 며칠 전에 애인과 싸워 당분간은 연락하지 않을 작정이었다는 등 마음의 한구석에 이러한 의식들이 자리 잡고 있기 때문이다.

또한 납품한 상품에 꺼림직한 점이 있어 상대방 회사의 영업부에 문의할 생각이었는데 그만 실수해서 다른 부서의 방에 들어가 버렸다는 등의 착각도 있다. 그리고 초대할 손님을 착각해서 바꾸어 부르거나, 납품 계획서를 잘못 발송하는 수도 있다.

이것이 이유가 없는 실수라면 문제가 안 되겠으나 항상 늘 잠재심리로 상대방을 강하게 의식하면 오히려 무의식적으로 그 상대방을 피하거나 끌려들어가 게 된다.

착각 가운데는 기억 상실이라는 것도 있다. 하기 싫은 업무이기 때문에 마음 속으로 늘 하고 싶지 않다는 생각을 하고 있으면 어느 순간 그것을 깜빡 잊어버린다.

그런가 하면 금연하여 담배와는 담을 쌓은 줄 알고 있었건만 무심코 담배가게 앞에서 걸음을 멈추고 돈을 꺼내는 일이 흔히 있다. 이러한 것은 금연으로 억압되었던 담배에 대한 강한 욕구가 무의식적으로 드러난 예라고 하겠다.

술을 좋아하는 사람이 오늘은 마시지 않고 집에 곧장 돌아가겠다고 결심했건만, 무심코 포장마차에 들러서 흠칫하는 경우가 있다.

회사에서 돌아오는 길에 무심코 술집이 즐비한 골목길을 택하는 것도, 술을 마시고 싶다는 잠재적인 욕구가 무의식적으로 나타났기 때문이다.

음주에 의한 심층심리

술을 마시면 평소와는 좀 다른 기분이 되기 마련이다. 억압되었던 심리나 평소에 늘 생각하고 싶지 않았던 일들이 고개를 드는 경우가 많다. 많이 취하지 않았을 때는 결코 그런 일이 없으나 상당히 취하면 이 심층심리가 부상하는 것이다.

평소에는 얌전하여 남을 비판하는 따위는 결코 하지 않던 사람이 술에 취하면 과장이나 부장을 몹시 비난하는 일이 있다. 이와는 반대로 늘 상사의 욕지거리를 몰래 하던 동료가 은밀히 선물을 보내고 있었던 굴욕감이나 자기혐오를 고백하는 일도 있다.

술에 취하면 까닭 없이 껄껄 웃기만 하는 친구, 울면서 지나온 일들을 털어놓는 친구 등 여러 타입이 있는데 그 중에는 반드시 남과 시비를 걸려는 사람도 있다.

그런 사람은 대부분 평소에 얌전하고 마음이 약한 성격의 소유자이다. 또 언제나 굽신거리던 친구가 술자리에서는 폭발이라도 한 듯 시비를 거는 것을 자주 본다.

술의 힘을 빌려 서로 흉금을 털어놓는 척하며 평소 같으면 마주보고 못할 말이나 불평을 늘어놓거나 농담인 것처럼 상대방을 곧잘 비난하기도 한다.

그런가 하면, 맨 정신일 때는 남의 말에 귀를 잘 기울이며 한마디도 반대하지 않던 사람이 술이 들어가면 태도가 완전히 달라져, 사람을 놀라게 하는 사람이 있다. 말씨가 평소와는 정반대로 거리낌없이 늘어놓는다.

이런 사람은 평소에 상대방을 존중하고 경의를 표하는 척하지만 항상 마음 속으로 경멸하고 존경하지 않는 증거인데 마음 속으로 적의나 증오를 품고 있었던 것으로 생각된다.

술을 마셨다고 해서 모든 사람이 이처럼 자신의 본성을 드러내는 것은 아니겠지만, 상대방의 속셈을 알고 싶을 때는 술을 마시면서 그의 잠재심리를 탐색해 보는 것도 하나의 방법이다.

자동차 운전으로 열등 의식을 알 수 있다

부장이나 상무 앞에 불려 온 사원은 그 부장이나 상무에게 열등 의식을 갖기 마련이다. 지위나 신분이 낮은 자가 품는 이 감정은 결코 비정상적인 것이 아니다.

그리고 열등 의식에는 언제나 불안이 따르며, 이 불안의 고통에서 피하기 위해 안정을 찾으려고 노력한다. 이것이 열등 의식의 대상 작용, 또는 대상 반응이라고 한다.

이 대상 반응에는 정상과 이상이 있는데 정상 반응의 경우에는 심리면과 외면이 일치하나, 이상 반응에서는 심리면과 외면에 나타난 행동이 똑같지 않고 정반대가 된다. 열등의식을 지닌 자는 흔히 권위를 내세우거나 성실한 척하며 때로는 예의바르고 상냥한 데가 있는 듯이 가면을 쓰고 있는 수가 많다.

열등감은 자동차의 운전에서도 잘 나타난다. 자기 차가 남의 차에 추월당하는 것을 원하지 않는 운전사는 의외로 많다. 추월당한다는 것은 자기가 뒤떨어진다는 의식이 되어 버리는 것이다.

그들은 단순히 자기 차의 속도보다 남의 차가 더 속도를 내고 있음에 불과하다는 사실을 생각하지 않고, 자기를 다른 녀석이 앞지른다고 생각해 버리는 것이다. 자동차와 인격을 착각하고 있는 것이다. 그렇기 때문에 날마다 신문에 보도되는 교통사고 가운데에는 자동차끼리의 속도 경쟁이 원인이 되어 사상자를 내는 경우가 많은 것이 아니다.

다른 차가 앞지르면 액셀을 밟아, 고속도로에서 서로 앞지르려고 경주하는 운전사는 젊은 사람에게 많은 듯하다. 이런 것은 자동차의 성능이 인간의 능력과 같다고 착각한 운전사의 열등 의식이다.

그런 공격형의 열등 의식과는 반대로, 아무리 다른 차가 앞질러도 전혀 관심도 없다는 듯이 태연한 척하는 운전사도 있다. 다른 차를 곁눈으로 보며 유유히 자기만은 안전운전을 하는 척한다. 이것 역시 열등 의식의 또 다른 반응으로서, 도피형이라고 할 수 있겠다.

열등 의식은 가면을 쓴다

열등 의식을 지닌 사람의 심리는 자기 자신의 무력함의 반동으로서, 자신의 나약함을 억제하려는 마음이 여러 가지 행동으로 나타난다.

이를테면 누구에게도 고개를 숙이지 않고 부탁도 하지 않으며 남의 충고나 도움은 전혀 받아들이지 않고 항상 자존심이 강하고 태도도 몹시 냉담하여 남의 간섭을 완강하게 거부한다. 그러면서 타인의 비판에는 사소한 일에도 버럭 화를 내며 자기의 자존심이 상한다는 것이 열등 의식의 소유자인 것이다.

'나는 남의 신세를 질 인간이 아니다' 하고 열등 의식을 가진 자는 생각하지만, 실제로는 '자기보다 강한 사람의 도움이나 의견을 받아들인다는 것이 자기의 나약함이나 열등 의식을 인정하는 것이 된다'는 것을 몹시 두려워하고 있다. 따라서 자기의 열등 의식을 남이 눈치 채지 못하도록, 정반대의 태도로 연기하고 있는 것이다. 열등 의식을 지닌 자의 그와 같은 행동에 의한 가면의 예를 몇 가지 들어 보자.

1. 항상 소탈하고 아량이 넓은 인물로 평가받는 사람이라도 자세히 관찰해 보면 그것이 의외로 열등 의식의 한 형태일 경우가 있다.

정상적인 소탈함에는 자신과 실력이 뒷받침하기 마련이며 어떤 경우에 그 성격이 나타나지만 자신과 실력이 없는 소탈함은 의식적인 연기이기 때문에 남이 눈치 채는 수가 많다. 본인은 소탈하고 사소한 일에 구애되지 않는 아량이 넓은 인물인 척함으로써 열등 의식으로 인한 불안이나 고통에서 도피하려는 것이다.

2. 누구에게나 상냥하고 예의바른 사람도 유심히 살펴보면 의외로 열등 의식에서 온 경우가 흔히 있다. 이런 사람은 어떤 직장에서도 남에게 언제나 친절하고 상냥하여 부탁받은 일은 기꺼이 들어주고, 남의 일 돌보기를 자기 일 하듯 하는 사람이다.

그러나 그는 실제로는 주위 사람의 적의나 소외를 몹시 두려워하여 그것을 피함으로써 자기를 안전대에 두어 그 지위를 확보하려는 것이다. 이것은 어디까지나 연기이기 때문에 이런 인물은 그 연기가 불필요한 가정에서는, 직장에서의 가면을 벗어 버리는 경우가 많다.

3. 성실한 인물이라는 평가 역시 때로는 열등 의식을 뒤집은 한 형태인 수가 있다. 그들은 모든 일에 성실하고 금전 관계도 틀림없으며 상사의 신임도 몹시 두텁다.

성실한 인품이 주위의 사람들에게도 존경받기도 하지만, 그러나 그들은 진정한 성실에서가 아니라 사실은 불성실한 인물인데, 그들 자신도 무의식적으로 연기를 성공시키고 있는 경우가 많다.

4. 지나치게 예의바른 인물 역시 열등 의식을 뒤집어 놓은 예라고 하겠다. 가난한 집안에서 태어나서 고학으로 대학을 나온 우수한 두뇌의 소유자가 출세했을 경우에 흔히 볼 수 있는 현상으로 그들은 항상 상사에게 굽신거리며 아첨하여 자신의 출세를 위해서는 물불을 가리지 않는다. 동료에게는 친절하고 상냥하여 호감을 사는 한편, 자기보다 지위가 낮은 자에게는 예의바르긴 하나 냉담한 태도로 대한다.

이런 인물은 내용이 빈약하며, 자신이나 성실성이 없고, 현재의 지위를 지탱하고 있는 것은 비굴한 처세뿐임에 불과하다. 결국 빈곤에서 오는 열등 의식을 뒤집어 놓으면 이런 현상이 나타나는 것이다.

5. 열등 의식이 언제나 이상과 같은 면에서만 작용한다고는 할 수 없다. 몹시 드물기는 하지만, 열등 의식이 좋은 의미에서의 자극을 주어 자신이 분발하고 노력한다는 경우도 있다. 저명한 학자나 정치가, 작가들로부터 자기의 열등 의식을 강하게 의식하면서 그것을 극복하기 위해 피나는 노력을 했다는 이야기를 흔히 듣는다.

그러나 도중에서 탈선하여 권위주의에 빠져 버리는 인물도 있다. 집단을 지도하고 지배하는 것은 좋겠지만 자기 뜻대로 되지 않으면 제멋대로 독선을 발휘하고 함부로 권위를 내세워 남을 위협하기도 한다. 지도자의 모습은 단순한 연기에 불과하며, 열등 의식을 좋은 방향으로 바꾸려는 갸륵한 뜻이 일그러져 버린 예도 적지 않다.

겁쟁이는 이런 가면을 쓴다

미모의 여자 앞에 서면 갑자기 표정이 굳어져 버리는 사람이 있는데 얼굴이 빨개지고 목이 말라서 쉰 목소리를 내는가 하면 평소의 냉정함을 잃고 횡설수설하는 따위는 겁이 많은 마음이 유발되었기 때문이다.

겁쟁이는 여성이 상대이거나 특정의 남성일 경우에도 그러하지만, 상대방의 한마디 말에 강렬한 인상을 받아 그것이 마음에 걸린다는 심리 현상을 일으킨다.

"당신은 생각보다 소박하군요" 하는 등의 말을, 미인이긴 해도 머리가 별로 좋지 않은 여자로부터 듣고 그것이 계속 머리에서 떠나지 않는 사람이 있다.

'나는 정말 소박한가', '그녀는 내가 소박하다고 표현했지만 사실은 궁상맞다는 말이 아닐까.', '그녀는 내가 싫은 모습인지도 모른다' 는 등의 대수롭지 않은 일을 언제나 곰곰이 생각하는 것이 겁쟁이의 특징이다.

이런 것이 마음의 압박이 되어 거북스러운 상대와 자리를 같이하게 될 경우, 그것에서 도피하려는 욕구를 일으킨다. 그 가운데는 그것이 원인이 되어 숨이 몹시 답답하거나 배가 아픈 증세를 나타내는 일도 있다.

겁이 많은 원인에는 어려서부터 과잉보호의 환경에서 자랐을 경우나, 그와는 반대로 부모의 애정이 없는 가정에서 자랐을 경우, 또는 가정환경이 몹시 엄격했을 경우 등이 있다. 또한 자기의 용모를 너무 강하게 의식한 결과로서 겁쟁이가 되어 버린 경우도 있다. 결국 겁쟁이는 어떤 열등 의식이 원인이나 동기가 되어 나타나는 경우가 많다.

겁쟁이가 그것을 마음 속에 숨기고 가면을 쓸 경우는 다음과 같은 대상 반응을 나타낸다. 즉, 위엄 반응이라고 불리는 것으로 언제나 위엄을 갖추고 남을 위협하고 굴복시키지 않으면 도무지 불안해서 견딜 수 없는 기분에 사로잡힌다.

겁은 그 정도가 강할수록 가면의 두께는 더 두터워져 더욱더 으스댐으로써 겁이 많은 마음을 숨기려 하는 것이 특징이다. 여자 앞에서 몹시 자기 과시를 하거나 사내다움을 뽐내려는 것도 결국은 겁쟁이의 열등 의식에서 오는 것이라 하겠다.

그러므로 으스대기를 매우 좋아하는 지배자나 지도자에게서 의외로 이런 가면을 쓴 인물을 많이 볼 수 있다. 으스대면 으스댈수록 마음 속은 그만큼 겁이 많은 것이다.

이런 인물은 얼핏 보아서는 단단한 요새에 들어앉아 있지만 쥐새끼에도 기겁을 하여 마치 태산이 명동하는 소란을 피운다. 집단의 위세를 믿고 으스대긴 해도 자신이나 실력이 따르지 않기 때문에 그는 사소한 일에도 쉽게 무너진다.

겁쟁이의 가면에 완전주의라는 것이 있다. 이것은 외관상의 완전을 지향하여 온 힘을 다함으로써 주위 사람들로부터 훌륭한 인물이다. 성실한 인격자라는 평가를 받으려고 열심히 연기한다.

그의 경우는 인격자라고 하는 평가가 겁쟁이의 심리를 숨기기 위한 가면인 것이다. 이 완전주의는 자기의 약점을 지키기 위해 때로 주위 사람들에게 공격을 꾀할 때가 있다.

겉으로는 웃는 얼굴로 사람을 대하면서도 한편으로는 은밀히 상대방을 공격한다는 마음을 지닌다. 즉, 남을 공격하는 데는 반드시 욕구불만이 존재한다는 가설이 성립되는 것이다.

섹스 이야기를 회피하는 남자는 욕구불만이 있다

사내들은 대부분 음담패설을 좋아한다. 점잖은 신사도 이 음담패설을 싫어하지 않는다.

처음 만난 상대나 비즈니스의 딱딱한 분위기도 음담패설로 부드러워지고 이야기의 실마리를 찾을 수 있는 일이 적지 않다. 정상적인 사람이라면 음담패설에 흥미를 느끼지 않는 사내는 없다고 해도 과언이 아닐 것이다.

그런데 세상에는 섹스에 관한 것이라면 의식적으로 화제를 피하거나 전혀 흥미나 관심을 나타내지 않는 사내도 드물지 않다. 그 사내가 남색이거나 여자를 다루는 데 천재적인 수완을 지닌 자라면, 새삼스레 음담패설 따위가 무엇이겠느냐는 식으로 거부하는 이유도 이해할 수 있다.

그러나 그런 정당한 이유도 없이 섹스의 이야기에 의식적으로 멀어지

러는 사내에게는 잠재심리에 성적 욕구불만이라든가, 열등 의식, 겁 등이 숨겨져 있는 것이 아닐까 하고 의심해 볼 필요가 있다. 겉으로는 시치미를 뚝 떼지만 남 몰래 포르노 잡지를 읽고 춘화사진을 수집하는 등 혼자 즐기는 경우가 적지 않다.

직장이나 어디서건 태연히 섹스의 이야기를 즐겨, 여자로부터 치사하다는 소리를 듣는 사내는 그러한 음담패설 등으로 자신의 욕구를 적당히 발산시켜 해소하는 것이라고 생각할 수도 있다.

그러나 성적 욕구를 밖으로 발산시킬 수 없는 사람은 그것이 항상 의식에 얽혀 있기 때문에, 반대로 섹스의 이야기에서 멀어지거나 무관심한 척하는 수가 많다.

그렇기 때문에 전철 같은 데에서 미니 스커트의 여자를 유심히 보라보면서 즐거워하는 자는 전자이며, 후자는 일부러 무관심한 척하나 성적 욕구와 관심은 전자 이상으로 강하다고 판단해도 된다. 말하자면 욕구를 자극받고 싶지 않기 때문에 그것에 접근하지 않겠다는 심리의 작용인 것이다.

이 억압제라는 제동이 걸리지 않는 사내가 여자의 팬티를 훔치거나, 부녀 폭행 따위의 범죄를 범하는데, 이런 친구는 틀림없이 후자의 억압된 타입의 사내이며 남 앞에서는 섹스의 이야기 따위를 결코 하지 않는 내향성의 성격이 대부분이다.

인재를 판단하는 방법

협조성과 지도력이 풍부한 사람. 항상 적극적이며 전진적인 자세로 일할 수 있는 사람. 창조력이 몸에 밴 사람. 참신한 지성을 지니고 항상 성실하게 노력하고 실천력이 풍부한 사람. 투지와 독창력이 넘치며 조직에 충실한 사람. 연구욕이 왕성하고 사상이 건전하며 명랑한 성격의 사람. 자주성이 풍부하며 진취적으로 일을 처리하는 사람.

이상은 해마다 회사가 신입사원을 채용할 때의 희망 조건을 집약한 것으로서 금융기관이나 생산회사, 상사 등 업종은 비록 달라도 요구하는 인재의 조건은 모두 이런 범위에 속하며 큰 차이는 없다.

입사 시험에서의 학력과 성적이나 학교 추천이 채용에 불가결의 조건임은 당연하다 해도, 적극성·협조성·독창성·자주성·연구열·성품·명랑 등 진짜로 중요한 당사자의 인품에 관한 조건은 학업 성적으로 알 수가 없다. 그래서 회사는 수험생을 면접함으로써 그 인품을 판단하고, 자기 회사의 조건에 알맞은 인물을 뽑는 것이다.

"당신이 존경하는 인물과 그 이유는?", "당신이 지지하는 정당과 그 이유는?" 등을 질문하지만, 수험생도 그 점은 잘 알고 있어 결코 급진적인 정당이나 사회주의 정당 따위의 이름은 말하지 않는다.

존경하는 인물 역시 케네디와 그의 프론티어 정신을 들어 회사측의 비위를 맞춘다는 식으로, 불과 5분 정도의 짧은 시간에 쌍방이 온갖 비법을 쥐어짜며 주고받는다. 도대체 이런 투의 면접 시험으로 과연 효과가 있을는지 몹시 의심스럽지만 달리 적당한 방법이 없기 때문에 여전히 해마다 이 짓을 되풀이하고 있는 것이다.

그러나 사원을 뽑는 측도 짧은 시간과 천편일률의 해답에서나마 조금은 눈에 띌 '이 정도라면' 하고 느끼는 인물을 점 찍는다. 이를테면, 태도가 자신에 넘쳐 당당한 인물이라든가, 모르는 것은 태도가 분명한 인물, 상대방의 시선에 자기 눈을 똑바로 맞추어 겁을 먹지 않는 인물, 동일한 질문에 독특하게 대답하여 남보다 유달리 다른 인상을 주는 인물 등을 점을 찍는 것이다.

채용되기 위해 안간힘을 쓰며 연기하는 수험자에 대해 약간이나마 인생의 경험이 많은 심사위원들이, 사람 보는 안목을 믿고 거기에 어느 정도의 감을 잡아 뽑는 것이 바로 면접시험이라는 것이다.

그래서 어떤 회사에서는 사원을 재능형과 노력형으로 구별하여, 노력형의 인물만을 뽑기도 한다. 그 이유로 재능형은 걸핏하면 자기의 재능을 과신하고 그 재주에 빠져 노력을 않거나 게을리한다.

그렇기 때문에 그 재능이 중도에서 멈추어 크게 발전하지 못한다. 결국 아까운 재능이 회사의 발전에 큰 기여를 하지 못한다는 경험에서 그렇게 한다는 것이다.

그러나 노력형은 비록 처음 한동안은 두드러진 활약을 보이지 않으나 꾸준히 노력하기 때문에 반드시 회사의 장래에 큰 구실을 하는 인물로 자란다는 것이다. 사람의 값어치를 판단할 경우, 재능의 유무나 머리의 좋고 나쁨에 기준을 두기 쉬운 법이지만, 오랜 인생 레이스에서의 승리자는 재능이나 두뇌보다 꾸준히 노력하는 타입에서 나오는 경우가 많다.

마음을 읽는 기술을 효과적으로 활용한다는 것도 인생 레이스에서의 중요한 전술의 하나이겠지만, 꾸준히 쌓아올리는 노력 또한 빼놓을 수 없는 기본 전략이다.

상대방의 시선으로 마음을 읽는다

버스 승객의 시선을 뒤쫓아 보면 몹시 재미있다. 먼저, 창 밖의 풍경을 멍청하게 바라보는 사람의 경우, 여기에는 두 타입이 있다. 하나는 자리를 잡지 못하고 서서 앞쪽에 시선을 주고 있는 사람. 이런 사람은 무엇인가 다른 일을 마음 속으로 생각하고 있기 때문에 달라지는 풍경에 관심이 없다.

풍경을 바라보는 것 같으면서도 실제로는 보지 않기 때문에 시선도 거의 움직이지 않아, 흔들리는 대로 몸을 맡기며 자기만의 생각에 잠긴다. 또 하나는 재미도 없는 풍경 속에서나마 관심이 있는 것만을 골라서 부지런히 시선을 보내는 타입으로, 그렇다고 유별나게 관심을 갖는 것이 마음에 있는 것은 아닌 사람이다.

차내 광고를 바라보는 사람의 시선을 뒤쫓아 보면 그 사람의 교양이나 지성의 정도를 알 수 있다. 주간지의 광고에서 '탤런트 아무개 양이 가수 아무개와 헤어진 사연'이니, '아무개가 아무개와 데이트'니 하는 따위 제목의 관심을 갖는 사람과, 이데올로기를 논하는 비중 높은 제목을 골라 보는 눈과는 뚜렷이 그 지성의 정도가 다르다.

그런가 하면 남의 얼굴이나 소지품에 흥미를 갖는 사람도 있다. 이쪽의 얼굴을 유심히 바라보기 때문에 상대방도 그를 맞보면 황급히 시선을 돌리는 사람, 그와는 반대로 눈에 힘을 주고 태연히 쳐다보는 사람 등 갖가지이다.

이런 인물은 대체로 속이 좁은 사람이 많은 듯하다. 자신에게 자신이 없어 남의 영향을 쉽게 받는 성격으로서 열등의식을 지닌 사람이다. 그러므로 눈싸움에도 이기려고 노력하며 상대방이 시선을 먼저 돌리면 '자기의 능력이 그보다 낫다'고 믿고 만족한다.

이런 사람은 눈싸움이 인간의 능력의 우열을 결정짓는 것으로 착각하는 단순한 성격의 소유자에게 많다.

최근의 젊은 여자에게서는 별로 찾아볼 수 없지만, 여자가 여자를 관찰하는 것도 유일한 방법이다. 더구나 여자의 관찰은 섬세하기 때문에 용모에서부터 머리 모양, 옷차림, 소지품은 말할 나위도 없거니와 동행한 남자의 평가마저 해 버린다.

그것들이 남자의 경우와 다른 점은, 모든 것이 구체적으로 자기 것과의 비교에서 이루어진다는 점과, 재미난 것은 여자의 경우 먼저 시선을 돌린 쪽이 자기의 우위를 인식하여 만족한다는 점일 것이다. 그런 때에 여자는 당당하게 가슴을 펴고, '자, 어디서건 네 멋대로 보렴, 당신보다는 내가 나을 테니까' 하는 자세를 거기서 엿볼 수 있어 매우 흥미롭다.

남자가 여자를 볼 때의 움직임 역시 재미난 데가 있다. 버스나 전철에 올라탄 젊은 남자는 우선 빈 자리의 유무보다 여자가 있는 장소에 마음이 끌린다. 그것도 순식간의 경우이기 때문에, 여자의 용모는 미처 평가하지 못한 채, 화려한 색깔이나 무늬 등의 강한 흡인력에 이끌려 무심코 그 여자 쪽으로 다가선다. 그러고는 서서히 주위의 여자들을 관찰하겠다는 것이리라.

남자의 시선이 미모의 여자에게 끌리는 것은 남을 의식하거나 신경을 쓸 일이 아니다. 자기가 만족할 수 있을 때까지 마음껏 바라보면 되는데 남의 눈을 꺼리며 훔쳐보는 마음 약한 친구도 있다.

그 점에서는 미니 스커트를 보는 사내의 시선도 마찬가지이다. 이런 시선은 여자에 대한 욕구나 콤플렉스를 노골적으로 느끼기 때문에 가엾은 생각이 든다. 그러나 보아 달라는 투의 여자에게는 시선을 못박아 보아 주는 것이야말로 적선이 아니겠는가.

그러한 여자는 자기를 과시하고 많은 시선을 집중시킴으로써 자존심을 크게 만족시키려는 욕구를 가졌기 때문이다.

인간의 관심은 그 시선의 움직임에 따라 측정할 수가 있다. 여자와 데이트를 하는 남자가 다른 여자를 슬쩍 본다든가, 중년 남자의 여자를 보는 눈에서 권태기를 느낄 수도 있다. 직장에서의 비밀연애도 남녀의 시선에 신경을 쓰면 당장에 알아낼 수가 있다. 동료와 술집에 가도 그 동료의 시선을 뒤쫓으면 그 친구가 어느 호스티스에게 마음이 쏠려 있는지 곧장 알아낼 수 있다.

길을 가는 노인이나 어린이에게 친절하거나 조심스러운 사람은 성격이 친절할 뿐만 아니라, 자기네 가족 중에 노인이나 어린아이가 있는 사람이 많다. 인간이란 어떤 것을 잠재 의식으로 품고 있으면 스스로 의식하지 않아도 그것이 가장 뚜렷이 나타나는 것이 시선의 움직임이다.

6 상대방을 유도하여 마음을 읽는다

비즈니스할 때 상대방에게 기회를 엿보아 잡담을 건넨다. 술 이야기, 여자 이야기, 복권 이야기 등등. 그 화젯거리에서 상대방의 흥미를 알아내는 것이다. 음담패설이나 여자의 이야기에서 의외로 상대방의 은밀한 마음을 알아낼 수 있다.

상대방을 유도하여 마음을 읽는 기술
The Technic Mind of Read

자신의 비밀을 고백하여 상대방의 마음을 읽는다

어느 정치가가 강연회에서 여성 청중으로부터

"M선생님, 당신에게 첩이 대여섯 명이나 된다던데, 한 나라의 유명한 정치인으로서 말이 됩니까?"

하고 날카롭게 힐문하자,

"아니, 그렇지 않습니다. 사실은 대여섯이 아니라 일곱 명입니다. 젊었을 때 실수로 그렇게 돼 버렸습니다만 이제 와서 내쫓을 수도 없으니 정말 죄송합니다."

이렇게 배짱 좋은 대답을 하여 청중들로부터 갈채를 받았다는 이야기가 있다.

사람이란 숨기려 하는 일에는 짓궂도록, 때로는 악의를 품고 따지는 일이 많은데, 비밀을 숨기지 않고 털어 놓으면 오히려 경계심을 풀고 자기가 신뢰받고 있다는 생각이 들어, 기분이 좋아져서 호감을 가지는 방비의 자세가 오히려 상대방의 악의를 맥빠지게 하여, 의외로 악의 대신에 호의를 갖게 하는 효과를 가져오는 경우도 있다.

사람은 누구나 남에게 알려지기를 꺼리는 비밀을 몇 가지쯤은 가지고 있다. 지금은 성공하여 남 위에 올라섰더라도 과거가 알려지기를 바라지 않는다든가, 사업상의 실패나 젊은 시절에 있었던 여자 관계의 실수나 신체의 결함 등등 누구나가 남에게 숨기고 싶은 일이 있기 마련이다.

남에게 숨기고 싶기 때문에, 자기에게는 약점이 없는 척하며 타인과 사귀는 것이다. 그리고 마음으로는 단단히 무장하는 일이 많다. 그런데 이쪽에서 그런 것 모두 드러내는 자세를 보이면 상대방도 마음이 가벼워져서 그 단단한 무장을 풀어 버리는 것이다.

만약 당신이 비즈니스 상대가 속마음을 털어놓지 않는다면, 자신이 먼저 약점을 드러내고 상대방의 품속으로 곧장 뛰어드는 것도 효과적인 방법이다. 이것이 주효하면 언제나 근엄한 얼굴로 부하를 꾸짖기만 하는 부장이 의외로 연애결혼을 한 사람이었다든가, 경건한 크리스천이었음을 알게 된다.

또한 업무상의 실수가 원인으로 좌천당할 상대방이, 솔직하게 마음을 열어 상담이 순조롭게 진행되었다는 성공담도 있다. 서로가 거리를 두어서 일이 잘 안 될 때, 이쪽에서 상대방을 신뢰하는 태도로 이야기를 하면, 의외로 접근이 빨라지는 것이다.

인간은 자기의 약점을 애써 숨기려 하지만, 한편으로는 그것을 누군가에게 고백하고 싶다는 욕구가 작용한다. 비밀로 묻어 두면 무거운 마음의 짐이 되어 불안을 참고 견딘다는 것은 고통뿐만 아니라, 마음 속에 담아둔 비밀을 털어놓고 싶다는 본능적 욕구가 있는 것이다.

마음을 읽는 기술에서는 이 본능적 욕구를 교묘하게 유도함으로써 상대방의 약점이나 비밀을 고백시킬 수도 있다.

기선을 제압한다

통금시간이 가까울 무렵 통닭을 사 들고 집으로 돌아온 K씨를 맞은 부인에게, 문득 이상한 느낌이 들었다.

"교제로 하는 노름처럼 힘든 일도 없구려. 이기면 안 되고 그렇다고 매일 지기만 하면 일부러 져주는 것이 탄로나니, 몹시 힘이 들어서……. 여보, 이거나 좀 먹어 보구려……아니, 괜찮아, 내가 갈아입겠어."

이처럼 넉살스럽게 늘어놓는 K씨의 말에 아내는 오히려 이상한 육감이 작용한 것이다.

남편의 부자연스러운 태도, 특히 이쪽의 시선을 피하려는 듯한 표정, 평소와는 달리 말이 많고 더구나 변명 비슷한 그 말투 등 오랫동안 부부로서 함께 살아온 아내의 직감이 어쩐지 수상쩍다는 쪽으로 기울어졌으나 바람을 피우고 돌아왔다는 증거도 없고 보니, 추궁할 수 있는 좋은 방법이 떠오르지 않는다.

"지쳤으니까 곧 자겠어. 양복 같은 건 내일 치우면 되지 않겠소"

멍청해 있는 아내의 기선을 제압하고 나서 K씨는 냉큼 이불 속으로 기어 들어가 버렸다.

그런데 이튿날 아침.

"여보, 당신 어젯밤 바람피웠죠?"

그녀는 반대 심문을 펼쳤다. 그렇잖아도 마음 속으로 전전긍긍하던 K씨는 아내의 날카로운 직감에 흠칫하긴 했으나 침착을 되찾고 있었다.

"무슨 소리, 어젯밤은 거래처 손님과 노름을 했다지 않았소"

"그럴까요…… 이상하군요."

"아니, 뭐가 이상하다는 거요. 사람 잡을 소리 마오."

K씨는 조간 신문을 읽는 척하며 시치미를 뚝 떼고 있다.

"어머, 이것은 입술 연지 아녜요!"

그녀는 내복의 얼룩진 데를 가리키며 남편의 반응을 엿본다.

"그 무슨 소리를 하는 거요. 어제는 온종일 양복밖에 벗지 않았는데 그런 게 묻어 있을 까닭이 없잖아."

어젯밤은 틀림없이 바람을 피웠기 때문에, 내복에 입술 연지가 묻었다면 그 가능성이 전혀 없는 것도 아니다. 그러나 K씨는 딱 잡아떼었다. 자신이 있었다. 최근에 와서는 바람피우는 방법도 발전했기 때문에 내복에 입술 연지 따위를 묻히거나, 옮겨 온 향수 냄새 따위를 지니고 집으로 돌아오는 실수는 하지 않는다. 정사의 뒤처리는 이미 세밀하게 점검한 것이었다.

그런 때의 유도 심문에 말려들어 "입술 연지가 있단 말이오?" 또는 "그럴 리가 없을 텐데." 하면서 당황하면 틀림없이 의심받기 마련이다.

그래서, 이 이야기는 철저하게 시치미를 뗀 K씨의 완승으로 끝났다. K씨의 전술이 능란해서가 아니라, 아내의 전술이 서툴렀기 때문인 것이다. 다시 말해서 그녀는 마음을 읽는 기술을 몰랐기 때문에 모처럼의 육감도 실증을 얻지 못하고 헛되이 끝난 것이다.

마음을 읽는 기술의 하나에 '기선을 제압하라' 는 것이 있는데, 그녀의 전술의 실패는 그 선제의 기회를 잃었다는 데 있다. 특히 이런 형태로 바람을 피우고 돌아온 남편을 추궁할 경우, 직감이 머리에 번뜩인 그 순간에 재빨리 파고들지 않으면 기회는 두 번 다시 찾아오지 않는다.

왜냐하면, 바람을 피운 뒤의 K씨의 심리 상태는, 그것을 숨겨야만 할 떳떳하지 못함을 부인에게 느끼고 있을 것이기 때문에 K씨는 태도가 평소와는 달리 아내와 시선을 마주치지 못하며, 변명 비슷하게 말이 어눌해지고 있는 것이 좋은 증거이다.

따라서 K씨는 상당히 긴장된 마음으로 집에 돌아와 부인과 얼굴을 마주한다. 이 순간이 바로 승부처인 줄 잘 아는 K씨는 능숙하지도 않는 연기로 부인에게 어렴풋한 의심을 안겨 주면서도 간신히 제일의 관문을 돌파한다. 특히 아내의 더 이상의 날카로운 추궁을 피하여 재빨리 잠자리에 든 것은 매우 현명했다.

이렇게 관문을 통과해 버리면 반신반의였던 K씨의 심리 상태는 자신감이 생겨, 탄로나지 않을까 하는 불안심리는 후퇴해 버리는 것이다. 때문에 이튿날 아침의 부인의 공격에 상당한 여유와 자신감을 가지고 대응할 수 있었던 것이다.

결국, 그녀는 그 기회를 잡았다 놓쳐 버린 것이다. 남편과 얼굴을 마주했을 때 이상하다는 생각이 들었을 때는 상대방도 심리적으로 겁을 먹어 안절부절못하는 상태이므로, 그것을 놓치지 않고 선제공격으로 나갔더라면, 일은 그날 밤에 끝냈을 것이다.

넘겨 짚어 고백케 한다

마음을 읽는 기술에는 기회를 놓치지 않고 기선을 제압하는 방법이 있는데, 물적 증거가 없는 직감에만 의존할 경우에는, 여기에다 넘겨 짚는 방법을 곁들이면 매우 효과적이다.

"몹시 지쳤어. 교제 노름도 편한 게 못 돼."

하면서 돌아온 남편에게 수상쩍다는 직감이 들었을 때, 당신 같으면 어떻게 대처하겠는가.

"당신 바람피웠죠?"

"바람피우다니, 무슨 소릴. 노름한 거야."

속마음을 꿰뚫어 본 듯한 느낌이 들어 긴장했어도 얼굴빛은 약간 달라진다.

"거짓말 마세요, 바로 맞췄으니까. 얼굴빛이 변했잖아요."

"무슨 소릴. 거래처 손님을 대접한 거야."

"그럼 그 얼굴빛은 왜 그렇죠?"

이렇게 싸움부터 하겠는가. 이것도 하나의 방법임에 틀림없으나 그것으로 쉽게 꼬리를 잡힐 상대라면 무엇이 걱정이겠는가. 그러나 상대도 만만찮아 마음 속으로는 찔끔해도 그 정도의 추궁으로는 쉽게 손을 들지 않을 것이다.

아무튼 정사의 흔적을 남기지 않았다는 절대적인 자신이 있기 때문이다. 따라서 그 부부의 불꽃 튕기는 싸움은 다음과 같이 전개된다.

"내가 바람을 피웠다고 자꾸 떠들어 대는데, 도대체 무슨 증거로 그렇게 나를 의심하는 거요?"

"당신의 그 얼굴빛이 수상해요. 바람피웠다는 소리만 듣고도 얼굴빛이 곧장 달라졌잖아요. 그게 뭣보다 중요한 증거예요."

"그야 당연하지 뭐요. 내가 아니라도 그런 터무니없는 의심을 받고 화를 안 내는 사람이 어디 있겠소."

"직감이란 게 있어요."

"직감이라고? 농담도 정도껏 해 둬. 낯빛이니 직감이니 하는 따위로 억울한 누명을 씌우면 나는 어쩌란 말이오."

"그래요. 아내의 직감이란 그렇게 간단히 말로는 설명이 안 되는 거예요. 하지만 저만은 당신에 대한 걸 모두 알 수 있어요."

"제발 그만둬요. 그렇게 설명도 못 하는 직감만 갖고 멋대로 해석하면 견뎌 낼 사람이 있겠소. 그렇게 의심이 든다면 어디 당신 마음껏 낱낱이 조사해 보구려."

아마 이 정도가 추궁의 한계이리라. 남편이 꼼짝 못할 증거를 내세운 추궁이라면 모르거니와 증거가 직감뿐이라면 상대방을 굴복시키기는 매우 어렵다.

결국 처음에는 겁도 나고 탄로나면 어쩌나 하는 느낌도 없지 않았으나, 증거가 없음을 알고 이렇게 떳떳이 맞선 꼴이 되고 만다. 이쯤 되면 승부는 완전히 아내의 판정패이다.

그런데, 이런 경우에 슬쩍 넘겨 짚어 보려면,

"이렇게 늦게까지 교제해야 하니, 몹시 힘들겠네요."

이렇게 우선 노여움을 지그시 억제하면서 남편이 옷을 갈아입는 것을 도와 주어야 한다. 상대방을 안심시켜 경계심을 풀도록 해야 한다.

"일부러 져 줘야만 하니……."

하면서 마음이 약간 느긋해져 경계심을 차츰 풀어 간다. 거기서 슬쩍 지나가는 말처럼,

"그런데 노름은 남자분들만이 하셨나요?"

하고 질문한다.

"그래, 남자뿐이었어. 그런데 어째서…."

말을 더듬거리는 듯하는 남편의 눈을 유심히 들여다보듯 지켜보며,

"그렇다면 이상하네요."

하며 다시 의문을 던진다.

"뭐가?"

이 반문에는 반드시 불안한 심리가 고개를 들고 있을 것이다.

"당신 여자하고 같이 있었던 거죠?"

이때 곧장 파고든다.

"무슨 소리, 여자라니……."

이때 준비라도 해 둔 듯한 항변이 시작되는데, 이것을 가볍게 눌러 어디까지나 냉정하게 천천히 넘겨 짚는다.

"제 얘기만 들으시면 돼요. 당신이 여자하고 같이 계셨다는 증거는 간단해요. 즉, 당신한테서 나는 냄새거든요. 저는 냄새만 맡고도 술 종류를 알아맞히는 사람처럼 아무리 눈을 가려도 백 사람의 남자 가운데서 냄새로 당신을 곧장 알아맞힐 수 있어요. 아내란 그런 거예요. 왜 이런 얘기가 있잖아요. 비행기 조난 사고로 시체가 산산조각 흩어져 버렸을 때, 아내는 남편의 신체의 하찮은 특징, 이를테면 조그만 상처 자국이나 손톱 모양 같은 것으로 당장에 시체를 알아낸다잖아요. 그런데 남자들은 아내 몸의 특

징 같은 것이 전혀 생각이 안 나서 아무 소용이 없다는 그런 얘기 말에요. 당신 일이면 저는 뭐든지 잘 알고 있어요. 특히 냄새에는 자신이 있어요. 그런데 오늘밤 냄새는 정말 이상해요. 당신은 아무리 부정해도 당신 냄새 속에 여자 냄새가 섞여 있으니까요. 그것도 술집 같은 데에서 아가씨가 옆자리에 앉았을 경우와는 전혀 다른 느낌이에요. 당신 몸에서 직접 풍겨 오는 냄새거든요. 어머, 소용없어요. 몸에 옮겨 온 냄새나 가벼운 향수 같은 건 그렇게 자기가 코를 들이대고 냄새 맡는다고 해서 풍기는 건 아니니까요. 어쩌다 보면, 사람과 슬쩍 스쳤을 때의 순간이라든가, 양복이나 와이셔츠를 벗었을 때, 순간적으로 느끼는 그런 경우, 희미하게 풍기며 코를 스치는 법이니까요. 더구나 자기 냄새는 절대 자기는 모르니까요. 결국 제가 당신 와이셔츠를 벗기는 순간, 여자 냄새가 제 코를 스친 거예요. 이 중거만으로도 제게는 충분해요."

"……."

"당신이 여자의 냄새를 옮겨 오는 그런 정도로 함께 있었다는 건 슬픈 일이지만, 그보다도 당신이 저에게 거짓말을 했다는 것이 제게는 더 가슴 아프고 슬퍼요. 그러니 이젠 변명 같은 것 하지 마세요."

이런 투로 나가면 당신은 어떻게 대처하겠는가.

넘겨 짚는다는 것은, 그것을 믿어 의심치 않는다는 확신을 가진 태도가 절대로 필요하다. 상대방이 이것을 넘겨 짚고 있다고 눈치를 채면 그는 도중에서 도망치고 만다.

지금까지의 확고부동한 태도를 번복시켜 속셈을 드러내서는 안 된다. 상대방이 고백한 뒤에도 자기가 속은 줄을 모르게 하는 것이 현명한 지혜이다.

감정에 호소한다

인간 심리의 약점 가운데 가장 모든 사람에게 공통되는 것은 감정에 약하다는 점이다. 위대한 정치가이건 사업가이건, 냉혹하기 이루 말할 수 없는 깽의 두목이라도, 그 점에 있어서는 보통 사람과 조금도 다를 바가 없다.

특히 논리적이 못 되는 사람이, 이론적이며 에고이스트보다 일반적으로 인정에는 약한 듯하다. 마음을 읽는 기술에서는 그러한 인간 심리의 약점을 찌름으로써 상대방의 마음을 알아내야 한다.

사람과 이야기를 나누고 있을 경우, '이렇게 하지 않고선 달리 방법이 없다', '이것이 최선의 방법이다'는 것을 뻔히 알고 있음에도 불구하고 상대방이 그것을 도무지 받아들이려 하지 않는 경우가 흔히 있다. 더구나 상대방은 옹고집쟁이나 심술궂은 것도 아니다.

이런 경우는, 인간이란 감정의 동물임을 증명하고 있는 것이다. 그렇기 때문에 그 이야기가 비록 논리적이라 해도 승복할 수 없는 감정이 작용한다. 머리로는 납득하지만 감정이 허락하지 않는다는 것은 상대방의 이야기에 따라갈 수 없다는 것을 말하기도 한다.

세상이 아무리 변했다 해도 그것을 지배하고 움직이는 것이 인간인 이상, 사람의 감정은 절대로 무시할 수 없다. 실제로 현실의 국제정세도 이성에 의해서 움직이고 있는 듯하지만, 사실은 인간의 감정으로 모두가 움직이고 있다고 해도 과언이 아니다.

하물며 인간 대 인간의 관계에 감정이 개입되지 않을 수 없다. 때로는 깨끗하게 교섭이 성사될 이야기가, 묘하게 얽혀 진행이 되지 않는 것은 대부분 이 감정 때문인 경우가 많은 것이다.

그런데 이 감정이라고 하는 것은 다루기에 따라 효과적으로 이용할 수도 있다. 이성으로 상대한다면 교섭이 성립될 전망이 없다고 생각될 경우, 아예 방향을 바꾸어 감정으로 공격하는 것이 좋겠다. 이를테면 자신의 신세타령이나 고생한 지난날의 이야기를 털어놓고 상대방의 동정·의리·감상과 같은 감정에 호소하는 것이다.

"저는 집이 몹시 가난해서 고학했습니다. 라면으로 끼니를 때웠으며, 굶주린 날도 하루 이틀이 아니었죠."라든가, "산간벽지의 근무에서 소주 몇 잔으로 고독을 달랜 적도 있었습니다." 하는 따위로 상대방의 인정에 호소하면 의외로 그의 굳은 마음이 풀리는 수가 많다. 이론이나 이치로는 선뜻 받아들이지 않을 상대방도 감정의 공격을 받으면 막을 길이 없는 것이다.

이 방법은 이론이 통하지 않는 상대방에게 한정되는 것이 아니라, 일반적인 비즈니스에서도 상대방이 난공불락일 경우에는 간접 전술로서 매우 효과적이다.

그리고 일에 따라 다르겠지만, 이치가 통하지 않고 이성적이 못 되는 상대방에게는 여성을 교섭 상대로 보내는 것도 한 방법이다. 비논리적이며 감정적인 여성의 특성이 의외로 큰 효과를 얻는 일이 많은 것은 여성의 부드러운 분위기가 상대방의 감정을 완화시키기 때문이다.

불안을 자극한다

범죄인을 취조하는 형사는 마음을 읽는 기술에 몹시 능하다. 때로는 언성을 높여 화를 내는 척하는가 하면, 다정스럽게 담배를 권하며 사람으로서의 도리를 타이르기도 한다. 이처럼 완급이 자재로운 방법이 효과를 나타내어 흉악범이 자신의 범죄를 털어놓는다.

범죄인도 따지고 보면 사람일 수밖에 없어서, "자네 부모가 얼마나 슬퍼하겠는가"라든가, "자네 처지가 가엾어……." 하는 식의 말을 형사로부터 들으면 그만 고개를 푹 숙이고 "죽을죄를 지었습니다" 하고 자백하는 경우가 많다는 것이다.

그러나 이것은 형사와 범죄인이라는 특수한 상태에서의 방법으로, 우리는 이처럼 달래는 방법으로 만사가 잘 될 수는 없다. 그러나 형사가 사용하는 방법 중에는 범죄인의 불안한 심리를 찌르는 방법이 있는데, 이것은 일반적인 경우에도 응용할 수가 있다.

이를테면 "자네가 숨기면 숨길수록 심증이 나빠져 죄는 무거워질 뿐이야." 라든가, "10년 교도소 생활은 틀림이 없어." 등으로, 상대방의 불안한 심리를 자극하거나 조장하여 마음을 털어놓게 하는 방법이 있다. 이것은 해석하기에 따라서는 일종의 협박으로 생각할 수도 있으나 초범의 범죄인들에게는 매우 효과적이다.

이러한 방법을 일반적인 데에 응용한다면, 나쁜 쪽으로만 몰고 감으로써 상대방에게 불안감을 주고 마음을 동요시키는 것이 포인트로서, 가벼운 정신적 협박이나 공포감으로서 거짓말을 하거나 흥정의 여지를 상대방으로부터 빼앗는 효과가 있다.

이 방법은 누구나 일상 생활에서 흔히 사용하고 있다. 이를테면 아이를 꾸짖을 때에 "나쁜 짓을 하면 순경이 와서 잡아간단다." 라든가, "놀고만 있으면 훌륭한 사람이 못 돼." 하는 식으로 흔히 쓰고 있는 것이다. 다만 중요한 것은 이 방법을 보다 효과적으로 사용할 필요가 있다는 것이다.

이 방법을 비즈니스에 응용할 경우에도 '상담이 실패했을 때 얼마나 큰 영향이 미칠 것인가' 에 대해 슬쩍 암시해 주며, 상대방으로 하여금 은밀히 심리적인 불안을 자아내게 하는 것이 현명하다.

인간의 심리는 불안이나 동요에 몹시 나약한 법이며, 상대방의 정신적 균형에 혼란을 일으키면 주도권은 저절로 이쪽에서 잡기 마련이다.

장소와 분위기를 바꾼다

인간은 평소에 자기가 익숙하지 못한 장소나 분위기에 직면하면 일시적으로 기가 죽거나 마음이 위축되어 뜻하지 않은 실수를 저지르는 수가 있다. 그 심리를 이용한 것이 장소를 바꾸는 방법이다.

당신이 중요한 비즈니스의 상대와 술집이나 요정에서 한잔 나눌 수 있는 사람이라면 다음과 같은 것을 준비해 두는 것이 좋겠다.

먼저 상사에게 부탁하여 회사에서 접대용으로 이용하는 미인들이 모인 요정을 소개받아 미리 두세 명의 호스티스와 교섭하여 부탁해 둔다. 즉, 자기가 손님을 데리고 가면 특별 서비스를 해 달라고 미리 약속해 둔다.

그리고는 상대와 가볍게 한잔 나눈 뒤, 그 술값은 상대방이 치르도록 하고는 "이번엔 내가……."라든가, "좀 그럴 듯한 집을 아니까." 하는 식으로 상대방과 미리 협의해 둔 요정으로 안내한다. 가 보았자 싸구려 술집이려니 하고, 대수롭게 여기던 상대방은 우선 그 요정으로 안내를 받으면 기가 죽는다. 종업원의 정중한 인사를 받고 푹신한 양탄자가 깔린 복도를 지나 아담하고도 차분한 분위기가 감도는 방으로 안내되면 별천지 같은 느낌이 들 것이며, 그 분위기만으로도 상대방은 이미 위압감을 느낀다.

거기에 미리 약속된 호스티스가 등장하면 연출 효과는 거의 만점에 가깝다. 여자들의 서비스에 웬만한 친구는 상대방의 페이스에 이끌리기 마련이다.

상대방은 잇달아 연출되는 호화로운 분위기에 한동안은 압도된다. 즉, 일시적이나마 위축된 심리 상태인 것이다. 그러한 상태에서는 사람은 좀처럼 거짓말을 하지 못하고 거리감을 갖지 않는다. 기껏해야 상대방의 형편에 맞추는 것이다. 사람이란 제 각기 분수에 맞게 술을 마시는 법으로 이처럼 호화로운 데에서 술을 마시기란 여간해서 있을 수 없다. 상대는 한동안은 허를 찔려 심리적인 당황에서 벗어나지 못하는 것도 당연하리라.

그런데 이처럼 복잡한 수속을 거치지 않고 보다 더 밑천이 들지 않는 방법이 있다. 즉, 예고 없이 불쑥 상대방의 집을 방문하는 방법이다.

이것은 누구의 경우에도 해당되겠지만, 술을 마시는 데에는 밖에서 마시는 것과 집에서 마시는 경우, 그 취하는 데에 엄청난 차이가 있다. 집에서는 맥주 한 병밖에 못 마시는 사람도 밖에서는 서너 병을 마셔야 겨우 집에서 한 병 마시는 정도로 취한다. 사람은 집에 있을 때는 심리적으로 무장을 풀지만 밖에서는 아무리 긴장을 푼다 해도 모두 풀지 못한다. 사람은 집 밖으로 나서기만 하면 얼굴에 가면을 쓰고 남과 접촉하며, 무의식적으로 다면성을 갖지 않을 수 없는 입장에 선다. 따라서 상대방의 본심, 본래의 얼굴을 엿보려면 상대방의 집을 예고 없이 찾아가는 것이 가장 효과적이다. 자신의 집에서는 거짓이 없기 때문이다.

어쩌다 이야기 끝에 "한번 우리 집에 놀러 오십시오." 따위로 본심으로는 초대할 생각이 전혀 없는 인사치레를 기회 삼아 찾아가 보면, 생각 밖으로 솔직한 자신의 모습을 드러내는 수가 있다.

밖에서는 근엄한 척해도 집에서는 공처가이거나, 겉으로는 호인인 듯한 사람이 집 안에서는 의외로 까다로운 성격인 것을 발견할 수 있다. 더구나 예고 없이 불쑥 찾아온 손님이기 때문에 얼굴에 가면을 쓸 여지도 없어, 결국은 있는 그대로의 모습을 보이지 않을 수 없는 것이다.

사람은 자기의 그와 같은 본래의 얼굴이 알려지면, 적어도 상대방에게 심리적인 무장을 풀거나 늦추는 효과가 있다. 다시 말해서, 알려지기를 꺼리던 것이 알려져 버리고 말았다고 하는, 일종의 심리적인 약점을 상대방에게 의식시킴으로써 스스로의 처지가 나약해지는 것이다.

상대방의 말에 장단을 맞춘다

사장이 자기 의견을 말할 때 듣는 사람이 성의 있게 이야기를 들어주면, 신이 나는 것은 당연하다. 사람에 따라서는 말하는 도중에서 상대방이 반대 의견을 내놓거나 자기 이야기가 마음에 들지 않는 듯하다고 느끼면 순식간에 열의를 잃어버리는 경우가 적지 않다.

만약 당신의 상대가 그런 타입이라면 상대방의 의견에 찬성하여 상대방으로 하여금 기분 좋게 이야기할 수 있도록 해 줄 필요가 있다. 이를테면 상대방이 상사나 동료와 의견이 맞지 않고, 더구나 여전히 자기 의견을 계속 고집하고 있는 경우에는,

"당신의 의견이 옳다고 생각합니다. 저도 당신 입장이라면 똑같은 태도를 취할 것입니다. 저는 당신의 생각에 동감입니다."

하고 찬성한다. 때로는 상당히 극단적인 의견이나 반도덕적인 생각을 말해도 "정말 그렇습니다. 옳은 말씀입니다." 하는 식으로, 적극적으로 상대방의 의견을 받아들인다. 그리고는 '그 생각은 틀렸다' 든가, '저 같으면 다른 방법을 취하겠다' 는 등으로 상대방의 의견에 반대하거나 충고하는 일은 절대로 피한다.

무엇이건 의견이 일치한다는 투로 따라가면, 상대방은 자기 생각이 모두 받아들여졌다고 생각되어 솔직하게, 기분 좋게 본심을 털어놓고 접근해 오는 수가 많다.

상대방의 의견을 반대하여 설득한다

사람에게는 여러 가지 타입이 있다. 이쪽이 희다고 말하면 저쪽은 검다고 하고, 검다고 말하면 희다는 식으로 항상 남의 반대쪽에 서는 사람이 있다.

이런 타입은 상대방의 의견이 설사 옳다 해도 좀처럼 솔직하게 시인하지 않는다. 무엇인가 한 가지라도 조건을 붙이지 않으면 직성이 풀리지 않는, 심리적으로는 자기확장형에 속하는 사람이다.

그리고 자신이 놓인 입장이나 자기 의견이 소수의견으로서 남의 공감을 받지 못한다고 생각하는, 특별한 타입의 사람이 있다. 그 밖에 무엇이건 자기가 가장 옳다고 믿는 사람도 있다. 이와 같은 타입의 공통된 심리로서, 타인을 설득시켜 자기의 생각에 동조시키려는 버릇이 있는 것이 특징이다.

또한 인간의 공통된 심리로서 자기의 생각이 타인에게 오해되는 것을 몹시 싫어하는 것이다. 다시 말해서, 자기를 정당하게 평가해 주기를 어느 경우에서나 바란다. 이런 심리를 이용한 것이 '상대방 의견을 반대하여 의욕을 자극하는 방법'이라고 하겠다.

이를테면 의식적으로 과장된 표현을 하며,

"당신의 과장님은 상당한 수완가라더군요. 딴 데에서도 소문을 많이 들었습니다만, 영업부는 그 과장님 때문에 처리해 나간다는 말도 있습니다."

라고 해 본다. 만약 과장이나 영업부에 반감을 가진 인물이라면

"아니, 그 과장님은 겉보기와는 달리 허약해서……."

하고 반발할 것임에 틀림없다. 그리고 과장뿐만 아니라, 상대방의 동료를 들추어 과대평가해도 좋다. 상대방을 비방하지 않고, 다른 사람을 추켜세

우는 것이 상대방의 자부심을 강하게 자극하여, 숨겨진 투쟁심을 노골적으로 드러내는 수가 있을 것이다.

우월감을 갖게 한다

인간이란 품행이 방정하다든가 진실한 인간이 뜻밖에도 상대방에게 호감을 얻지 못하고, 결점투성이의 인간이나 여러 가지 약점을 지닌 사람이 오히려 남의 호감을 산다.

그러한 심리를 분석하면, 그와 같은 허점투성이의 인간에게는 상대방으로 하여금 경계심을 일으키게 하거나 저항을 느끼게 하는 요소가 진실한 인간보다 적다고 할 수 있겠다. 다시 말하면 사귀기에 편한 인간인 것이다.

결점이나 약점이 적은 인간은, 자기 자신은 상대방을 라이벌로 의식하지 않는데 상대방 쪽에서 질투와 반감을 품고 눈엣가시처럼 여기는 수가 많은 법이다. 마음을 읽는 기술에서도 상대방이 경계하거나 의식적으로 이쪽을 피하게 되면 사람의 마음을 알아내기가 몹시 어렵다.

그래서 상대방에 따라서는 전략적으로 이쪽이 한걸음 물러서서 상대하는 것도 필요한 때가 있는데, 이것이 상대방으로 하여금 우월감을 갖게 하는 방법이다.

우월감이나 동정은, 대부분 자기보다 훌륭한 인물이나 유력한 사람에 대해 품는 감정이 아니라, 자신과 동등한 상대방에 대해 가장 강하게 의식되는 심리인 것이다.

그래서 상대방을 우위에 서게 해 주고, 우선 이쪽에 대한 경계심이나 대항 의식을 없애지 않으면 좀처럼 본심을 털어놓지 않는다. 그러려면 무엇보다도 빠른 것이 아첨 전술일 것이다.

사람을 칭찬한다는 것은 몹시 어려운 일이다. 섣불리 칭찬하면 아첨이 되어 역효과를 빚는 수가 있기 때문이다. 따라서 남자를 칭찬할 경우에는 제삼자를 통해 은근히 칭찬하는 것이 가장 효과적이다. 그리고 직접 상대방을 칭찬해야 할 경우에는,

"우리 회사 친구들 말로는" 하는 식으로, 간접화법으로서 칭찬하는 것이 좋다. 어떠한 사람도 아첨 같지 않고 과연 진실인 듯한 칭찬에는 기분이 나쁘지 않을 것이다. 그리고 상대방이 우쭐대면 그것은 거침없이 칭찬해 주는 것이 효과적이다.

그러나 상대방이 여자라면 이런 식의 칭찬으로는 아무 소용이 없다. 여자는 듣지 않는 데에서 칭찬해도 통하지 않으며, 만약 그 칭찬의 말을 전달하는 사람이 여자라면 상대방에게 아예 전달되지 않을 것이다. 여자란 자기가 직접 칭찬의 말을 듣지 못하면 칭찬을 받은 느낌이 들지 않는 것이다. 여자인 경우는 거리낌없이 칭찬하는 것이 가장 효과적이다.

그런데 칭찬하는 것과는 반대로, 상대방을 회사로 찾아갔을 때, 당사자

인 상대가 상사로부터 질책을 받는 장면을 목격하게 되는 일이 있다. 이런 경우는 좋은 기회이리라.

사람이란 체면을 차려야 할 상대방 앞에서 창피당하거나, 자존심에 손상을 입으면 오히려 그것을 목격한 상대방에게 친근감을 느끼는 심리가 작용하는 것이다. 겸연쩍다든가 체면의 실추 등으로 적어도 상대방에 대해 쓰고 있던 가면이 모두 벗겨져 버린 결과, 때로는 노골적으로 변화하는 경우가 있다.

이런 경우에 부딪치면 슬며시 자리에서 떠나 못 본 척하는 것이 에티켓이며 상대방에 대한 배려이겠는데, 어떻게 할 것이냐 하는 것은 그때의 상황에 따라 다를 수 있다.

욕망이나 취미로 상대방을 추리한다

인간에게는 여러 가지 욕망이 있다. 인간이 사는 최대의 목적은 자신의 욕망을 달성시키기 위해서라고 해도 틀린 말은 아닐 것이다. 이러한 욕망을 충족시키기 위해 인간은 온갖 술책을 쓰며 지혜를 짜낸다. 목적을 이루기 위해서는 수단과 방법을 가리지 않으며, 때로는 살인까지 저지르는 것이 인간 사회의 실상이다. 인간은 자신의 욕망을 추구하는 나머지 욕망에 휘몰리고, 욕망의 지배를 받는다고도 생각할 수 있다.

인간에게 있어서 욕망만큼 강한 유혹은 찾아볼 수 없다. 인간이 지니는 온갖 성격이나 본성을 숨긴 가면은, 모두 욕망을 성취하기 위한 수단인 것이다. 따라서 상대방의 욕망을 안다는 것은 상대방의 본심을 추리하는 단서가 되기도 한다. 이를테면, 비즈니스에서의 증수회도, 상대방의 마음에 어떤 욕망이 없는 한 결코 성립되지 않는다. 상대가 경마에 미쳤다든가, 술집 여자에 빠져 돈이 필요하다는 욕망 때문에, 그와 같은 방법이 효과를 거두는 것이다.

이 세상에 욕망이 없는 인간은 존재하지 않는다. 큰 야심에서 사소한 소망까지, 각각 자기 마음에 욕망을 지니고 있다. 다만, 그 욕망을 태연하게 말하는 사람이 있는가 하면, 은밀하게 마음 속에 간직하는 사람도 있다. 그것을 알아냄으로써 상대방의 행동이나 사고방식 등을 예측할 수 있다.

비즈니스의 상대방에게 기회를 엿보아 잡담을 건다. 술 이야기, 여자 이야기, 복권 이야기, 취미의 이야기 등등 온갖 화젯거리에서 상대방이 흥미를 갖는 문제를 먼저 알아내는 것이다.

음담패설이나 여자의 이야기에서 상대방이 의외로 바람기가 있다거나 은밀한 애인이 있다는 것 등을 알게 된다. 그리고 반대로 자신의 용모에 열등감을 품고 있다는 것도 알 수 있다.

상대방의 직장을 화젯거리로 삼을 때에도,

"이제 당신도 과장으로 승진해야잖습니까?"

하고 슬쩍 마음을 떠본다.

"아니, 무슨……" 하고는 고개를 갸우뚱거려도 상대방의 표정에 은근한 기대감이 엿보이면 이것은 상당한 소망을 마음 속에 간직하고 있는 것이 된다. 이러한 사람은 비즈니스에도 상당한 신중파라고 하겠다.

"우리 회사는 K대학 출신이 판을 치니까요. 나 같은 건 끼어들 여지가 없습니다."

이런 말을 들으면 상대방의 욕망은 또 다른 데에 있다고 생각할 수 있다. 그리고 직장에 대한 욕구불만을 취미적인 면에서 충족시키는 경우가 많다. 그렇다고 해도 비즈니스는 어디까지나 비즈니스기 때문에 과장 승진을 단념한 상대라고 해도 결코 비즈니스를 소홀히 하지 않는다.

상대방의 취미가 바둑이라면 곧 한 수 두어 보는 것이 좋다. 바둑으로 상대방의 성격이나 인품을 유추할 수 있기 때문이다.

바둑을 두어도, 당장에 공격적인 사람, 자기 바둑은 생각지도 않고 오직 상대방을 잡으려고 덤벼드는 사람, 자기 집을 완전히 살려 놓은 뒤에 상대방을 잡으려는 사람, 싸움 바둑을 피하려는 사람, 오직 자기 페이스만 지키겠다는 사람 등 파멸형·세심형·늑장형, 승부의 결과에 구애되는 타입, 나무는 보고 숲을 보지 못하는 타입, 집념형 등등…… 이 사람의 성격을 여러 가지로 발견할 수 있을 것이다.

노름이나 경마를 하는 것을 보아도 성격이 드러난다. 억지를 부리는 타입, 마음이 약한 타입, 겁을 내는 타입, 승부를 노리는 타입, 신중한 타입, 모순형과 참을성 있는 타입, 체념하는 타입 등등 여러 가지 성격이 있다.

취미에 나타나는 성격은 대체로 그 사람의 평소의 성격을 그대로 나타낸다고 생각할 수 있다. 그리고 상대방의 성격이나 생각을 알아내는 것은 반드시 승부를 겨루는 게임뿐만 아니라 독서 방법에도 그러한 것을 추리하는 재료는 있으며, 텔레비전 프로에서도 상대방의 마음을 알아내는 자료가 얼마든지 있다. 그리고 술을 마시는 태도에서도 유심히 상대방을 관찰함으로써 상대방의 마음을 추리할 수 있다.

7

여성의 마음을 읽는 비법

상대 방에게 유혹당하기 쉬운 타입의 여자는 남자에게도 아무런 도움이 안 되는 매력 없는 여자가 대부분이다. 여자를 선택할 때는 가치 있는 상대를 선택하는 것이 남자로서 최상의 보람이다.

여자의 마음은 이렇게 읽어라
The Technic Mind of Read

여자를 다룰 수 있는 자격

어떤 아가씨가 이렇게 말했다.

"B씨는 머리도 우수하고 교양도 풍부하며 얼굴 생김새도 무난하며 매우 성실한 성격의 사람입니다. 남성으로서 믿음직스러운 느낌이 들었고 제가 지금까지 만났던 남성 가운데에서 가장 멋진 사람인데, 그와 만나면 어쩐지 마음이 조금도 즐겁지 못해요. 어딘가 부족한 사람인 셈이죠."

나는 그 B씨를 모르지만, 머리가 좋고 교양도 있으며 성실하고 믿음직스러우면서도 용모가 무난하다는 그런 남성은 그렇게 흔하지 않은 듯하다. 그러나 어째서 이처럼 빈틈없는 남자가 여자에게 매력을 느끼게 하지 못하는지 몹시 이상스런 일이다.

이런 예는 우리들 주위에 의외로 많다. 그리고 여자는, 남자가 보면 별로 가치가 없는 하찮은 남자에게 홀딱 빠지는 수가 적지 않은 것이다. 여자로부터 호감을 받는 여러 가지 조건이 잘 갖추어져 있지만, 여자가 좋아하지 않는 이유가 어디에 있는 것일까.

여자가 남자의 사랑을 받아들이는 이유, 여자가 남자의 어디를 좋아하느냐 하는 이유를 여자의 심리에서 추구해 본다면 이에 대한 해답이 나올 것 같다.

먼저 남자의 교양, 명석한 두뇌, 성실한 성격은 여자의 기분을 설레이게 하는 첫째 조건이 아닌 것을 이해할 필요가 있다. B씨가 높은 교양을 내세워 물리학이나 정치·경제에 대해 그녀와 대화를 나눈다 해도 그녀는 몹시 따분할 것이다.

사실 그녀는 허물없이 영화관람이나, 노는 것에 관한 이야기를 하고 싶은 것이다. 성품이 진실하고 성실한 B씨는 그녀가 원하는 분위기나 정감을 높여 줄 장소로 결코 그녀를 데리고 가지 않았을 것이다.

이렇게 되면 그녀의 마음이 만족하지 못하는 것도 당연하며, 그녀는 B씨의 교양·두뇌·성실성을 요구하는 것은 아니기 때문이다. 그것들은 나중의 문제이며, 극단적으로 말한다면 없는 것보다 있는 편이 낫다는 정도의 것에 불과하다.

그렇다면 그녀의 마음이 원하는 것은 무엇일까. 그것은 그녀가 사랑을 실제로 느끼고 싶을 뿐인 것이다. 남자의 객관적 조건인 교양이나 두뇌, 진실한 성격은 사랑을 실감 있게 상대방에게 호소하지 못하며 오히려 사랑의 감정을 멀리 할구실밖에 하지 못하는 것이다.

여자는 자신이 상대방으로부터 사랑받고 있다는 것을 절실하게 직접 느끼고 싶은 것이다. 여자는 남자에게 달콤하고 다정스러운 말이나, 두 사람에게만 공통되는 연애의 기분을 여자가 이해할 수 있게끔 분위기와 정감을 연출하기를 바란다.

깊은 교양은 불필요하다. B씨의 교양이 여자의 감정을 저하시키기 때문이다. 그리고 명석한 두뇌는, 그녀 자신의 우매함을 스스로 느낌으로써 매우 불필요한 것이다.

그리고 남자의 건실하고 진실한 성격은, 때로는 가치가 있어도 여자로 하여금 사랑을 실감케 하기 위한 분위기 조성에는 장애가 된다.

여자에게 호감을 사고 여자의 기분을 맞춰 주기 위해서는 이러한 것을 뒤집으면 된다.

여자가 좋아하는 영화나 연극 구경을 함께 가고, 될수록 어려운 대화는 피하며, 그녀와 비슷한 수준으로 대화를 나눈다. 적당한 두 사람만의 분위기나 정감을 고조시키며, 연애의 실감을 충분히 상대방이 느끼게 해 주는 것이 필요하다.

아무튼 여자란 그렇게 해 주는 것이 사랑의 충실감인 줄로 착각하고 있으며, 그런 면에서 여자는 몹시 탐욕스럽다. 남자가 그러한 것들을 실행할 수 있을 때 비로소 여자를 사귈 수 있는 첫걸음을 내딛게 되는 것이다.

첫째는 칭찬, 둘째는 박력, 셋째는 무드

훌륭한 남자라고 믿는 상대방의 아내는 미녀와는 인연이 먼 여자이거나, 반대로 미녀의 남편이 보잘것없는 남자인 경우가 많은데 그들은 잘 어울리기 때문에 세상이란 재미있는 것이다.

결국, 생김새는 별로 볼품없어도 인간을 구별하기 위한 표시 정도로 생각하면 된다. 따지고 보면 미남, 미녀라고 해도 얼굴이 간판 구실을 하는 예능인의 세계와 다르기 때문이다.

그런데 볼품없는 유혹자가 썩 빼어난 미녀를 사로잡고 있는 경우가 있는데, 그들의 테크닉은 어떤 것일까.

먼저 여자의 환심을 사려면 칭찬해야 한다. 여자가 최초로 관심을 갖는 것은 남자의 모습도 아니고, 더구나 교양이니 두뇌 따위도 아니다. 자기를 칭찬해 주는 남자, 그리고 아름답다고 인정해 주는 남자에게 그녀의 관심은 쏠리는 것이다. 미인은 자기의 아름다움을 자랑하고 싶은 심리가 있으며, 그렇지 않은 여자라 해도 자기의 아름다운 점을 남자가 인정해 주기를 마음 속으로 강하게 바라고 있는 것이다.

자신은 몹시 아름답다 하지만 그 사람이 더 아름다울는지도 모른다, 혹은 '자기는 그렇게 미인은 아니다' 라는 따위로 항상 여자는 동성과 비교해서 자기를 평가하는 것이다. 그런 때에 "당신의 눈은 참으로 매혹적이다"라든가, "예쁜 손가락이다" 등의 사소한 칭찬의 말이, 그녀에게 있어서는 더할 수 없는 쾌감으로 들리는 것이다.

아름답게 보이고 싶은 소망을 위해 여자는 먹고 싶은 것을 제한하며 온갖 노력을 기울인다는 점에서, 여자만큼 탐욕스러운 것은 없다. 그렇기 때문에 바로 아름다움을 인정해 준다는 것은 여자의 최대의 약점을 찌르는 것이 된다. 여자의 장점이니 아름다움이니 하는 것은 바로 약점 그 자체인 것이다.

인간은 남녀를 불문하고 자신의 약점을 알고 있는 상대방에게는 약한 것이다. 남자로부터 칭찬의 말을 듣고 불쾌해지거나 화를 내는 여자는 이 세상에서 단 한 명도 없다.

여자가 남자를 칭찬할 경우는, 그가 듣지 않는 데에서 칭찬하여 제삼자의 입을 통해 본인에게 전달되도록 하는 것이 가장 효과적인데, 여자를 칭찬할 때는 마주보고 거리낌없이, 칭찬해야 한다. 여자의 몸매·센스·소지품 등 칭찬할 대상은 끝이 없다. 계속 칭찬하여, 칭찬에 철저해지는 것이 유혹자의 최대의 무기인 것이다.

당신으로부터 칭찬을 받을 여자는 야릇한 생각이 들어 당신을 멀리할 것이 아니냐는 염려는 전혀 할 필요가 없다. 왜냐하면 그녀는 딴 데에서는 자기를 흐뭇하게 해 줄 상대가 없기 때문이다.

설령 그녀가, 칭찬을 받을 만한 미인이라 해도, 세상의 남자는 미인에 대해 모두 찬사를 늘어놓는 것에 커다란 저항감을 느끼는 듯하다. 따라서 어섣프게 자존심이 강한 미인일수록 칭찬이라는 마술에 약하다.

만약 당신이 칭찬의 효과를 의심한다면, 당신 자신이 여자로부터 만날 때마다 최대의 칭찬을 듣게 되면, 틀림없이 당신도 마침내 상대방 여자에게 호감을 갖지 않을 수 없게 될 것이다.

아무튼 남자는 여자의 관심을, 계속 칭찬함으로써 자기에게 끌어당길 수 있는 것이다.

예부터 여자에 대한 무기라면 첫째는 억지, 둘째는 돈, 셋째는 사나이다움이라고 했다. 둘째 번의 돈이나 셋째 번의 사나이다움도 중요하겠지만, 가장 중요한 것은 강요를 포함한 억지일 것이다.

열 번 찍어서 안 넘어가는 나무가 없다는 말도 있지만, 여자의 마음은 그만큼 질기지 못하다. 처음 만날 때부터 남자로부터 칭찬의 말을 들으면 상대에게 호감을 갖지 않을 수 없는 것이다. 여자란 칭찬의 말만으로는 아직 함락되지 않는다. 그래서 다음의 대비책이 바로 이 '억지 전술' 인 것이다.

남자로부터 사랑받고 싶다, 연애를 하고 싶다고 바라는 여자는, 일을 급히 서둘러서는 안 된다. 사랑할 경우, 그것이 인생의 최대의 목적이라도 되는 것처럼 여자는 사랑에 모든 것을 바친다.

여자는 남자보다 현실적이며 타산적이다. 사랑에 홀딱 빠지기 전에 칭찬을 받아, 반쯤 마비되어 버린 머릿속에서도 결코 계산은 잊지 않는다. 말하자면 당신과 과연 결혼할 수 있을까, 배우자로 적당한 상대일까 하고,

남자로서는 상상도 못할 여러 가지 조건을 꼼꼼히 계산하는 것이다.

그녀가 마음 속으로 당신에게 기울어지려 하거나, 혹은 마음을 바로잡아야겠다고 망설이는 바로 그때가, 이런 시기인 줄로 생각하면 틀림없다. 그런 때에, 끈질기게 참고 견디며 그녀의 마음을 움직이게 하는 것이 이른바 억지이다.

억지는 끈기이기도 하며 격렬한 정열의 강매이기도 하다. 열 번 찍어 넘어가지 않는 나무가 없다는 각오로 열심히 쫓아다니면 마침내 성의는 전달된다.

여자에 대해 갖가지 칭찬을 하며, 상대방을 완전히 황홀케 해도 밀어붙이는 힘이 부족하면 여자는 남자의 기분을 단순한 호의 정도로 해석해 버린다. 가령 여자 쪽에서 일시적으로 열을 올려도, 상대가 열을 올리지 않으면 여자는 적극적으로 나서지 못한다. 모처럼의 사랑의 싹을 시들게 해 버리는 결과가 된다.

상대방이 미인인데다 주위에서도 그녀의 아름다움을 인정하고, 자신도 그것을 충분히 의식하고, 그녀가 남자의 유혹에 넘어가지 않으리라고 생각되는 경우에도 당신은 결코 망설이거나 겁먹을 필요가 없다.

그런 때에는 주위에서 그녀에게 칭찬의 말을 스무 배로 하여 열심히 지껄여 대며, 그녀가 그 칭찬의 말에 관심을 갖기까지 끈질기게 눌어붙어야만 한다.

여자의 약점을 극복해 내는 여자는 결코 없기 때문이다. 중간에서 끝나지 말고 끝까지 여자를 칭찬하면 언젠가는 상대방이, 그 말에 심취하기 마련이다.

미인일수록 칭찬에 약하다. 미인은 어설프게 자기의 아름다움을 의식하고 있기 때문에 자기를 인정해 주지 않는 남자에게는 반감을 사게 되고 자신의 아름다움을 찬양해 주는 남자에게는 마음을 허락하기 마련이다.

그리고 여자의 유혹에 두세 번 실패했다고 해서 비관할 필요는 없다. 왜냐하면 남자의 유혹을 열 번씩이나 거절했다는 이야기를 단 한 번도 들은 적이 없기 때문이다. 대개는 남자가 두세 번 도전했다가 단념해 버리든가, 여자 쪽에서 5, 6회로 함락되거나 하는 등 둘 중의 하나인 것이다.

남자의 억지를 여자 쪽에서 본다면 기분 좋은 유혹이 여자는 자기의 아름다움을 남자가 인정해 주고, 그것에 홀딱 반해 버렸다는 생각을 하면 더할 수 없이 만족스럽다. 상대의 찬사로 추켜세움을 받아, 기분이 한창 좋을 때 상대방에게 유혹을 받으면 그녀로서는 더할 말이 있겠는가.

여자에 따라서는 두세 번의 유혹은 거절하는 수가 있다. 이유는 상대방이 마음에 들지 않아서가 아니다. 설령 약간은 마음에 들지 않는다 해도 세 번째는 승낙할 것이다. 그것은 상대방으로부터 흐뭇한 찬사나 추켜세우는 말을 더 듣고 싶기 때문이다.

여자가 처음에 데이트를 거절하는 이유는, 대체로 수치심이나 자기의 값어치를 끌어올리기 위한 고자세이기도 하다. 그리고 그렇게 거절하는 것이 연애의 에티켓이라는 그릇된 생각 때문일 수도 있다. 그러나 어느 경우에도 여자는 일단 거절하고 나서 마음 속으로는 가벼운 후회와 불안이나 두려움에 사로잡히는 것이다. 따라서 한번 더 상대로부터 권유를 받으면 응하겠다는 것이 여자의 솔직한 마음이라고 하겠다.

최초의 권유에, 순순히 응하면 몹시 천박스러운 것이라고 생각한 여자나, 보다 비싼 값을 내세우려고 생각한 여자도, 두세 번의 권유에는 마지못한 척 응하고는, 마음 속으로는 큰 기대를 갖는다.

여자가 데이트를 거절하는 것은 여자의 유치한 지혜, 그리고 단순한 흥정 정도로 생각하고 그 다음 그녀의 기대에 부응해 주는 것이 억지의 정신이라고도 할 수 있겠다.

분위기와 정감에 약한 것이 여자이다. 남자라면 누구나 알고 있는 이 무기를 남자들은 생각보다 이용하지 않으려는 경향이 있다. 이른바 무드로 여자의 마음을 열어야 한다.

무드라든가 정감 같은 것은 단순히 데이트 코스를 말하는 것이 아니다. 조명이 어슴푸레한 커피숍이나 무드가 있는 음악은 데이트의 정감을 높이기 위한 도구로서 단역에 불과하다. 그것으로 상대방의 마음을 열게 할 수는 없다. 주역은 역시 당신 자신인 것이다.

바다가 보이는 호화로운 호텔에서 식사를 하고 로맨틱한 드라이브를 즐기며, 어슴푸레한 촛불 아래에서 음악이나 술을 즐기는 것은 매우 효과적이다. 그것만으로도 쉽게 취해 버리는 여자가 있지만, 경험 많은 여자에게는 별로 통하지 않는다. 애써 상대방을 여기까지 끌고 온 이상, 철저하게 상대방의 정감을 높여 마음을 열게 해야 된다.

정감이란 무엇인가. 한마디로 말해서, 여자의 정감이란 사랑을 사랑하는 그런 기분 같은 것이라고 하겠다. 여자에게 사랑을 사랑할 마음이 작용하지 않으면, 엉뚱한 사나이에게 마음이 기울어질 까닭이 없다. 여자에게는 자신에게 잘 어울리는 남자가 있을 것이며, 남자에게 속는 것도 결국은 여자가 사랑에 사랑을 해 버리는 결과에 불과한 것이다. 그러므로 머리가 좋고 교양이 있으며 진실하고 믿음직스러운 사나이에게 따분함을 느끼는 여자도 자기의 정감을 높여 주는 남자에게는 쉽게 넘어가는 것이다.

여자의 정감을 높이는 특별한 수단은 필요가 없다. 여자가 사랑하려고 할 때에는 자신을 알아주기 바라며, 그리고 상대방에 대해서도 알고 싶다는 욕구가 작용한다. 먼저 그것을 이용할 필요가 있다.

두 사람의 대화에는 의식적으로 상대방의 신변에 관계가 있는 화제를 선택한다. 그녀의 가족이며 취미, 연애관 같은 것을 비롯하여 가능한 한 그녀의 이야기를 능숙하게 끌어내고, 들어준다. 그리고는 상대방의 의견이나 생각에는 동조하고 찬성한다.

그리고 자기에게 이야기할 차례가 돌아오면 "당신을 사랑한다"는 말을 거리낌없이 표현하는 것이다. 화젯거리가 없으면 다시 상대방을 칭찬하면 되고 이때, 되도록이면 차분하고 간절한 태도가 좋다. 때로는 그녀의 눈을 지켜보며, 손등 위에 자기 손을 슬쩍 얹는 것도 효과적이다.

그리고 두 사람에게 관계가 있는 화제젯거리를 이야기하기가 곤란한 경우도 있다. 그런 때에도 화젯거리는 로맨틱한 것을 선택해야 된다. 여자에게는 정치나 경제 같은 화젯거리는 금물이며, 부담없는 영화 혹은 드라마에 대한 화젯거리가 안성맞춤이다.

다음은 당신의 그녀에 대한 태도이다. 모든 여성들은 결혼한 뒤에도 남편에게 '언제나 아내를 사랑한다' 라는 자세를 요구한다. 남편의 관심이 항상 자기에게 있기를 바라는 것이다. 여자란 그러한 것에 무한한 행복을 느끼는 것이다. 당신도 모든 관심을 상대방에게 집중시키는 자세를 취해야 한다. 그렇다고 해서 여자의 외투를 입혀 주는 식의 태도를 권하는 것은 아니다.

데이트할 때는 다른 여자에게 시선을 주지 않는다든가, 남의 대화에 신경을 쓰지 않는다는 식으로, 사소한 면에서 조심하는 한편, 일부러 그녀의 손수건을 빌리거나 자동차의 운전을 이유로 그녀에게 담뱃불을 붙여 달라는 식의 태도도 매우 효과적이다.

그리고 때로는 당당하게 '당신 손을 잡고 싶다' 고 요구하는 것도 나쁘지 않다. 여자의 손을 잡았을 때에는 상대방으로 하여금 경계심을 품게 하거나 수치심을 일깨워 주며, 결국 이쪽에서도 겸연쩍게 되는데, 잡고 싶으니까 잡는다고 솔직하게 말하면 그런 걱정은 필요 없다. 데이트할 때의 그녀에 대한 태도는, 모두 '낭신을 사랑한다' 는 자세를 적극적으로 나타내는 것이 가장 중요하다.

여자의 감정을 높이는 데에 댄스가 있다. 육체적 접촉 그 자체를 즐기는 것은 남자인데, 여자에게는 육체의 접촉으로서 댄스가 뛰어난 효과를 나타난다. 댄스란 남성에게 안겨 춤추기 때문에 여성의 정감이 고조되는 것이 아니라, 보다 더 여자의 본능적인 관능이 음악이나 리듬에 자극되어 눈을 뜨는 것이다. 문명의 혜택을 만끽하는 여자는 본능적인 관능 앞에서는 구별이 없다고 하겠다.

여자의 관능이 일시적으로 눈을 떴을 때, 그것을 포용하고 있는 남자가 유리한 조건에 놓여 있음은 부정할 수 없다. 당신은 그 기회를 이용하여 상대방의 정념의 불을 더욱더 부채질하면 된다.

이상은 여자를 함락시키기 위한 일반적인 방법으로서, 첫째는 칭찬할 것, 둘째는 밀어붙일 것, 셋째는 무드를 조성하는 세 가지 원칙을 소개했다. 여자에게도 여러 가지 타입과 종류가 있어서, 때로는 예외적으로 이 세 가지 방법이 통용되지 않는 상대가 없는 것은 아니다. 세계적으로 유행했던 히피 스타일 같은 정신 이상자 이외에는 대부분의 경우 이 방법으로 효과를 거둘 수 있다.

아첨이나 찬사를 싫어하는 듯한 태도를 취하고 이상과 교양을 과시하는 여자나, 또는 막무가내로 거절하는 여자도 결코 단념해 버리는 것은 빠르다. 이 세 가지 원칙을 응용하여 잘 되지 않을 경우는 당신이 잘못되어 있는 것이다. 찬사가 형식적이거나, 추켜세우는 방법이 서투르면 건방진 여자는 오히려 화를 내는 수도 있다.

또한 밀어붙이는 방법도 철저하지 못하면, 다른 능청맞고 요령 좋은 친구에게 빼앗길 우려가 있다. 끈질기고 집요하게 눌어붙는 마음가짐이 중요하다. 그리고 무드에 실패하면 단순한 우정의 관계로 끝나는 수도 있다. 이 삼원칙으로 여자를 함락시키지 못할 경우는, 그 중의 어느 하나가 잘못되었을 것이다.

세상에는 능숙한 연애의 방법이나, 여자를 설득하고 함락시키는 방법에 대해 여러 가지 설이 있는데, 여자에게 다정스럽게 굴어야 한다느니 여자로 하여금 초조하게 만들어야 한다느니, 때로는 화를 내야 효과적이니 하는 말들이 많다. 그러나 그러한 방법은 모두 이 삼원칙의 범위에서 크게 벗어나지 못한다. 여자를 초조하게 하는 것은 밀어붙이는 강수를 효과적으로 하기 위한 방법이며, 때때로 남자가 의연한 태도로 나오는 것도 이 삼원칙을 보다 효과적인 것으로 하기 위한 방법인 것이다.

그러나 일부러 어려운 방법을 쓸 필요는 없다. 열심히 상대방을 추켜세우고 여유 있게 밀어붙이며 무드를 한껏 높이는 방법으로 그녀는 충분히 함락될 것이다. 만약 그것이 믿어지지 않는다면 당신이 이런 방법으로 바꾸어 생각해 보아도 좋을 것이다.

당신이 싫어하고 미워하는 인물을 머릿속에 떠올려 보자. 그 인물이 언제나 당신 앞에서 과거를 되풀이하며 깊이 사과하고, 이윽고 당신에게 듣기 좋은 찬사를 끊임없이 늘어놓으면서 오직 당신만을 생각해 줄 경우, 당신은 그러한 것들을 끝까지 거절하고 계속 상대방을 계속 미워할 수 있겠는가. 아마도 상대방이 원수가 아닌 이상, 그리고 당신이 보통 사람의 마음을 지니고 있는 한, 자연스럽게 마음은 풀리고 말 것이다.

당신이 그녀에게 원한을 사지 않고 있는 이상, 이 삼원칙을 철저하게 이용하면 그녀의 마음을 풀지 못할 일은 없을 것이다.

이 삼원칙을 사용하는 데 특히 조심해야 할 점은 오히려 당신의 마음에 문제가 있는 듯하다. 이를테면 자존심이다. 여자에게 딱지를 맞았다고 해서 진짜 자존심이 상처를 입는 것은 아니다.

여자의 딱지는 몹시 변덕스러운 것이라고 생각하면 된다. 남자의 자존심이란 용기에 상처를 입었을 때, 그때 진심으로 우러나오는 분노의 감정이 자존심이다. 진정으로 좋아하는 여자를 설득하지 못하는 것은 오히려 당신의 용기의 결여이며 자존심에 상처를 입는 것으로 생각해도 좋다.

여자를 설득하는 방법은 여자가 잘 안다

나의 친구 K씨는 이런 체험을 갖고 있다.

그는 어느 날 밤, 친구의 권유로 번화가의 C이라는 술집에 들렀다. 그 집은 친구가 두 번째 가는 집이라는데 K씨는 물론 처음 가는 집이었다. 원래 K씨는 여자들에게 인기가 있는 타입은 아니다.

그렇다고 전혀 인기가 없는 편도 아니다. 그리고 여자를 설득시키는 능력이 능란하다고는 할 수 없지만, 전혀 바람을 피우지 않는 것도 아닌, 말하자면 매우 흔한 타입의 사람이었다.

테이블에 앉아, 물수건으로 손을 닦자 그의 옆에 와서 앉은 여자는 미스 P라는 아직 풋내기 호스티스였다. 몸매도 상당히 세련되어 있어 호스티스답지 않다는 점이 몹시 그의 마음에 들었다.

술집에서 대화란 시시한 이야기가 대부분이기 마련인데, 얼마쯤 지나자 그는 문득 어떤 생각이 떠올랐다.

"미스 P, 내 부탁 좀 들어줄 텐가?"

"제게 부탁이라뇨."

"웃거나 화를 내면 안 돼."

"어서 말씀해 보세요."

그의 말이 진지했기 때문에 미스 P도 태도를 바로잡지 않을 수 없었다.

"네 얼굴을 보고 생각이 났는데, 내가 자주 가는 집에 너와 정말 똑같이 닮은 아이가 있어. 얼굴이나 모습이 똑같기 때문에, 처음 이 집에 들어왔을 때는 너를 보고 가슴이 덜컥 내려앉았어."

"저와 꼭 닮았다니 어쩐지 이상합니다."

"이렇게 마주보고 있으니 그 아이보다 몸매가 더 날씬한데. 목소리는 좀 다르지만 말이야, 아무튼 모습이라든가 느낌이 똑같아."

"그래서요?"

"나는 그 아이가 여간 마음에 드는 게 아니거든."

"반했다 이거죠?"

하고 미스 P는 복잡한 표정을 지었으나 이야기에 흥미가 끌린 것만은 확실했다.

"그래서 부탁인데, 너한테는 좀 이상하게 들릴지는 모르지만 이렇게 만난 것도 인연이 아닌가. 너하고 그 아이가 똑같다는 이유로 특별히 내가 상의하려는 것인데 들어줄 수 있겠지?"

"좋아요. 모처럼 손님께서 저와 상의하신다니까 들어나 보겠어요."

"그럼 솔직히 말하겠는데 나는 그 아이와 깊이 사귀고 싶은데, 그 아이를 어떻게 설득하면 좋은지 방법을 알 수 없거든. 그러니 그걸 내게 가르쳐 달라는 거야."

"손님, 저를 닮았다고 해도 사람은 가지각색이니까요. 하다못해 제가 아는 사람이라면 또 몰라도……."

"그래서 너한테 상의하는 거야. 지금까지 너와 얘기를 하고 보니 네가 그 아이보다 머리가 좋은 것만은 틀림이 없어. 그래서 네게 부탁하는 거야, 여자의 마음은 역시 남자보다 여자가 더 잘 알 테니까 말이야. 나로서는 네 의견을 듣고 그대로 그 아이한테 실행해 볼 작정인데……."

"정말 난처하네요. 이런 부탁은 처음이에요. 차라리 수완 좋은 마담 언니한테 상의해 볼까요?"

"이거 왜 이래. 아니, 내가 창피당하는 걸 보고 싶어서 그래?"

"미안해요. 하지만 알 수 없어요……."

미스 P는 어떻게 해야 좋을지 몰라 난처한 표정이었다. 그러나 그녀가 이 이야기에 관심을 갖고 있는 것은, 다른 술좌석에서 부르는 데도 가지 않는 것으로 보아 틀림이 없다.

"네가 가르쳐 주는 대로 해 보고 실패하면 단념하겠어."

"그러니까 곤란하다는 거예요."

"네가 시키는 대로 하면 틀림없이 성공할 것 같아."

그는 은근히 그녀의 경쟁심에 불을 질렀다. 그렇게 되고 보니 미스 P로서도 섣불리 거절하기 어렵다.

"설득당할 때 여자의 약점은 무엇이며, 어디가 가장 약한 건지, 그건 같은 여자인 네가 아니고서는 알 수 없지. 도대체 여자에게 가장 약한 데란 어디일까?"

"저도 그걸 생각하고 있는 거예요."

"너는 이 집에서도 인기가 있어, 아마 많은 손님들이 유혹했을 테니까, 어디가 급소인지 알 수 있을 텐데."

"그렇지 않아요."

"술집에 오는 손님이란 모두 여자를 유혹하는 데에는 선수잖아. 나처럼 부탁하는 처지와는 다르지."

"반드시 그렇지도 않아요. 모두 빗나간 유혹만 하거든요. 여자의 약점은 조금도 모르고, 그저 모두가 엇비슷하니까 안심해도 됩니다."

"그럴까. 그렇다면 그 여자의 약점을 한번 찌를 수 있게 해 줘."

"하지만 이건 내 경우지, 어디 그 여자의 약점은 아니잖아요. 그리고 사람에 따라서는 역시 조금씩 다를 테니까요."

"솔직하게 한번 바람피우자, 이러면 떨어질까?"

"안 돼요. 그래서는……."

"그렇다면 단념하는 수밖에 없군."

"……."

그는 마음 속으로 결심이라도 한 듯이 맥주를 단숨에 들이마셨다.

"옳지, 이러면 어떨까? 차라리 이 기회에 네가 유혹 받기에 가장 좋은 방법을 그 아이한테 써 보는 것이……."

"아니, 유혹하는 수법을 그 여자한테 써먹는다고요? 싫어요."

"어째서?"

"만약에 그 여자가 유혹당하면, 모든 게 저와 똑같이 되어 버리니까요."

"무슨 상관이야. 너는 너, 그 아이는 그 아이. 만약 성공하면 네게도 충분히 사례하겠어."

"사례 같은 건 생각지도 않지만, 하지만 실패했다고 해도 제 책임은 아니죠?"

"물론이지. 가르쳐 준 그대로 실행해서 실패한다면 깨끗이 단념하겠어."

아무리 술좌석의 이야기지만 결국 K씨는 스무 살이나 아래인 미스 P의 제자가 되지 않을 수 없게 되었다.

"먼저 여자를 유혹하려면 무드가 가장 중요해요."

"무드니 뭐니 하는 추상적인 표현은 아예 말고, 좀 더 구체적으로 말해 줘. 주고받는 이야기도 말이야."

"어머나!"

미스 P가 가르쳐 준 유혹의 방법이란 대충 다음과 같은 것이었다.

가게의 문을 닫을 때까지 기다렸다가 어떤 구실로 핑계를 대고, 상대방을 식사 장소까지 데리고 나온다. 그런 뒤, 나이트 클럽으로 춤을 추러 갈 것. 이때 중요한 것은 춤추면서 상대방의 귓전에 달콤한 말을 속삭일 것. 이를테면 네가 좋아 견딜 수 없다든가, 아름답다든가 하는 등등의 찬사가 가장 효과적이라는 것이었다.

참으로 어처구니없는 내용이 아닐 수 없다.

"아니, 그것만으로도 되나?"

"하지만 하는 수 없잖아요. 이 밖에 뭘 어떻게 해 보라 해도 달리 방법이 없으니까요."

"그런 식으로 하면 과연 성공할는지……."

"이건 제 방법이에요. 저로서는 이 방법이 가장 확실한 것 같으니까요. 그렇지만 그 여자한테 시험해 보고 과연 성공할는지는 보증할 수 없어요."

그의 반신반의에 미스 P도 약간 화가 난 듯했다.

"알았어요. 그런데 이 방법을 너한테 써먹은 신사는 없었나?"

"유혹하는 손님이란, 모두 술집에서 그런 얘기를 하잖아요. 다른 사람은 몰라도 제게는 절대로 안 통해요. 반대로 나이트 클럽에 가자는 손님은 이미 많이 놀아 봐서 시시하게 유혹하는 따윈 하지 않아요."

"그렇겠군. 모두가 착각하고 있는 거야. 그렇지만 이 방법으로 유혹하면 적어도 너만은 틀림없이 설득할 수 있겠군."

"아마 그렇게 될 거예요."

미스 P는 제 정신이 든 것처럼 쓴웃음을 지었다.

"고마웠어. 사례로 오늘밤 꼭 너한테 식사를 대접하고 싶다. 성공하는 날에는 다시 사례하겠지만 말이야."

하고 그는 미스 P를 이름난 어느 호텔의 레스토랑으로 초대했다.

"왜 그러세요, 표정이 몹시 우울해 보이네요. 잘 되는지 어떻는지 몰라서 걱정이 되시는 모양이군요. 정말 선생님은 순진한 분이시군요. 그 여자가 얄미울 정도예요."

미스 P는 식사를, 그는 맥주를 마시고 있었다.

"미스 P, 사실은 말이야, 솔직히 사과해야겠는데."

"뭘요?"

"……"

"사실은 말이야, 너를 꼭 닮았다는 그런 여자는 없어. 그건 내가 만들어낸 얘기였어. 미안해."

"정말 너무하군요. 이제 와서 사과라니……"

미스 P는 정말로 화가 나는지, 이때 나이프와 포크를 놓고 말았다.

"네가 화를 내는 건 당연해. 친절하게 내 사정을 들어주었으니 말이야. 손님의 농담 치고는 장난이 너무 심했어. 하지만 내 얘기를 좀 들어 봐."

그는 몸을 당겨 미스 P의 귓전에 속삭이듯 말했다.

"그건 결코 농담이 아니었어. 나는 그 술집에 오늘밤이 처음이지만 너를 첫눈에 봤을 때 가슴이 덜컥 내려앉는 듯한 느낌이 들었어. 세상에 이처럼 멋진 여자가 또 있을까, 하고 말이야. 미인이고 여러 가지 얘기를 하는 동안에 네가 무척 마음씨 착한 여자라는 걸 알게 되어 좋아진 거야. 하지만 처음 온 내가 아무리 너를 유혹해도 소용없을 게 아니겠어. 더구나 어떻게 설득하면 네가 승낙해 줄는지도 알 수 없으니 말이야. 나로서는 방법이 없었던 거야. 그리고 무슨 수를 써서라도 너를 설득하고 싶은 마음에서 결국 본인에게 직접 어떻게 하면 좋은가를 배우는 것이 가장 확실한 방법이라고 생각한 끝에, 이렇게 된 거야. 그러니, 너무 화를 내지 말고 나를 용서해 줘요."

"곤란하네요."

미스 P는 어찌할 바를 모른다.

"나는 너에게 너를 유혹하려면 어떻게 해야 하는가를 배웠어. 나는 이제부터 그 방법을 너에게 실행할 작정이야. 식사가 끝나면 곧 나이트 클럽으로 가는 거야. 네가 제시한 방법이 과연 어떤 효과가 있는지 시험하기 위해서도 말이야."

마침내 미스 P는 완전히 손을 들고 말았다. 훗날, K씨는 내게 와서 이 전술을 가르쳐 준 나에게 감사하며 이상과 같은 보고를 했던 것이다.

그런데, 이 방법은 여자를 유혹하는 방법으로서 많은 시사할 바를 지니고 있다고 하겠다. 그것은 미스 P의 마음의 모순을 교묘하게 역으로 찌른 점이라고 하겠다.

원래 같으면 K씨는 미스 P에게 단순한 손님으로 무관심하게 지나칠 수 있는 인물일는지 모르겠는데, 미스 P와 꼭 닮았다는 가공의 제삼자를 등장시켜 여자의 마음에 미묘한 질투의 감정과 라이벌 의식을 자극시켜, K씨의 존재가 미스 P의 마음을 마침내 움직이게 된 것이리라.

아마, 미스 P의 마음 한구석에서는 자기와 꼭 닮았다는 여자에게 K씨를 빼앗기고 싶지 않다는 마음이 작용했음에 틀림없다. 아무도 눈독을 들이지 않으면 탐나지도 않는데, 남에게 쉽게 뺏기고 싶지 않다는, 말하자면 자신이 먹기는 배부르지만 남을 주기는 아깝다는 식의 그 심리와 공통되는 것이라 하겠다.

여자 마음을 잘 알아 두자

여자를 유혹하려면 여자의 마음에 대한 지식이 필요하다. 여자의 기분을 모르고 유혹하려 한다면 효과가 몹시 나쁘다. 그렇다고 해서 여자의 마음을 열심히 연구해 보았자, 몹시 복잡하고 미묘한 여자의 마음을 알아낸 다는 것은 불가능하다.

어설프게 여자의 마음을 안다는 것은, 유혹할 때 방해만 될 뿐 아무런 도움이 되지 않기 때문에 유혹에 필요한 부분만을 살펴보자.

언제나 사랑을 기대하는 여자의 마음

남자에게 있어서 인생을 자신이 추구하는 목적이나 생활방식에서 사랑을 떼어 놓고 생각하기 마련인데, 여자는 사랑할 경우, 마치 인생의 최대의 목적이기라도 된 듯이 사랑에 자신의 모든 것을 바친다. 그것은 연애야말로 지상의 최대의 행복이라는 감미로운 기대가 여자의 마음을 크게 지배하고 있는 듯하다.

여자가 화장에 온 정성을 기울이고 몸매를 위해서라면 먹고 싶은 것도 참는 것 역시 오직 아름다워지고 싶은 욕망 때문이며, 아름다워지고 싶은 것은 결국 남자의 사랑을 받고 싶다는 여자의 본능인 것이다. 여자는 언제나 마음 속에서 연애를 기대한다. 이것을 극단적으로 말한다면, 아름다워지려고 노력하는 여자는 설사 본인이 의식하지 않아도 사랑하고 싶은 것이라고 생각할 수 있다.

여자는 나는 평생에 단 한 번, 정열을 내가 진정으로 좋아하는 상대에게 기울이고 싶어요.' 라든가, 유행가처럼 '거짓이라도 좋으니 사랑해 주세요.' 따위를 마음 속으로 은근히 기대하는 것이다. 그리고는 사랑에 빠지면 부모와 형제도 버리는 것이 여자이다.

그렇기 때문에 여자는 멜로드라마를 무척 좋아하며, 친구의 연애에 울기도 하고 웃기도 하는 것이다.

"여자의 생각은 목적을 똑바로 향하고 있음에 비해, 남자의 생각은 수단에 보다 더 애쓴다"라고, 철학자 알랑은 말하였다. 당신도 여자를 유혹할 경우 이 말을 충분히 음미할 필요가 있을 것이다.

호기심과 여자의 마음

호기심이란, 경계하고 있는 것에 조심하면서도 끌려가는 심리를 말한다. 이것은 인간이라면 여자뿐만 아니라 누구나 갖는 공통된 심리인데, 여자는 한 남자의 유혹에 대해서는 수동적인 입장이면서도 호기심이 매우 강하다.

여자가 말솜씨가 능란한 유혹자에게 쉽게 넘어가는 것은 호기심 때문인 경우가 많다. 그것은 여자의 마음을 지배하는 연애에 대한 본능적이라고도 할 수 있는 감미로운 기대에서 시작되는 것이다.

여자는 남자로부터 달콤한 말로 유혹을 받을 때, 위험한 줄 뻔히 알면서도 끌려간다. 여자는 사랑이라는 호기심이 강한 유혹을 뿌리치지 못한 채 접근하는 것이다. 이것은 남자에게 속아, 남자라면 질색이라는 여자 이외는, 이 호기심을 뿌리치기가 매우 어렵다.

여자가 성실하고 진실한 남자보다도, 건달 같은 남자의 유혹에 관심이 끌리는 것은, 이 호기심을 상대가 교묘하게 이용하기 때문이다. 호기심이란 여자가 탐욕스럽게 기대하는 사랑의 매력, 사랑의 마력을 교묘하게 만족시켜 주는 것이다.

여자의 마음이란 매우 복잡하고도 미묘하다. 여자는 상대에게 유혹을 받았을 때, 상대방을 잘 알면서도 마음이 기울어진다. 그의 접근을 피하기는커녕 오히려 호기심으로 상대방을 받아들이는 경우도 있다. 그런 때의 여자의 심리는 상대방으로부터 사랑을 받기 시작한 순간부터 터무니없는 자신을 갖는 것이다.

여자의 심리는 '그분과 나는 서로 사랑하고 있지만 어쩌면 그분과는 결혼할 수 없을지는지도 몰라. 설령 결혼했다 해도 그 결혼은 행복하지 않을지도 몰라. 하지만 나는 그분을 사랑하지 않고는 견딜 수 없어.' 하는 생각이 마음의 한구석에 자리잡고 있는 것이다.

여자들의 대부분은 결혼과 연애를 떼어 놓고 생각하지 않으나, 상대방을 사랑하는 마음의 불안이 그와 같은 생각을 갖게 한다. 그리고 이 불안이 심할수록 여자는 자기의 온 정열을 거기에 기울이지 않고서는 견딜 수 없는 처지에 사로잡히는 것이다.

남자와 여자의 마음

여자를 유혹할 때, 남자의 자신 있는 태도가 가장 중요하다. '내가 유혹하면 틀림없이 넘어간다' 라는 자신감이 사실은 여자의 마음을 가장 사로잡기 쉽다.

안절부절못하고 사방을 두리번거리는 것이 아니라, 상대방의 눈을 똑바로 응시하며 설득하는 것이 비결이다. 무엇보다도 남자의 매력은 당당한 태도에 있기 때문이다.

만약, 여자에게 거절당하면 웃음거리가 된다고 염려할 필요는 없다. 왜냐하면 주어진 입장을 바꾸어서, 당신이 좋아하지도 않는 여자로부터 호감을 사거나 사랑의 고백을 들었을 경우를 생각해 보라.

당신이 평범한 인간이라면, 거절한 그 상대방에게 약간의 동정과 호의 정도는 가질 것임에 틀림없다. 그리고 원망하거나 미워하지는 않을 것이다. 따라서 당신이 유혹에 실패해도 상대방 여자에게 다소나마 호감을 살 것은 틀림없다.

여자는 언제나 마음 속에 은밀히 사랑을 기대하고, 항상 호기심에 굶주리기 때문이다. 남자답게 자신을 갖고 여자를 유혹하면 된다.

여자를 유혹하는 세 가지 방법

여자를 유혹하는 데에 필요한 방법은 1. 칭찬 2. 밀어붙이는 박력 3. 무드가 기본 원칙이다. 세상에는 기발한 방법도 많지만 대개는 이 삼원칙의 어느 하나에 해당되는 듯하다.

그래서 이 삼원칙을 보다 더 구체적인 전술로서 사용하기 위해 몇 가지의 경우를 살펴보자.

모성애에 호소하라

어떤 여자에게는 정도의 차이는 있으나 모성 본능이 없는 여자는 없다. 여자는 이 모성을 자극받았을 때 남자에 대해 애정을 갖기 시작하는 것이다. 그렇기 때문에 무슨 일에나 여자로 하여금 거들게 하고 신세를 지는 것이 좋다.

단추를 다는 것에서부터 조그만 상처의 조치 따위를 여자에게 부탁한다. 여자는 바늘을 쓰거나 붕대를 감는 일에 자극을 받는다. 또한 넥타이나 양복감을 고를 때, 그녀를 동원하는 것도 상대방의 마음에 모성을 싹트게 하는 계기가 된다. 좀 더 심한 일인데 꾀병을 부려 상대방의 호의를 끌어내는 사람도 있다.

그리고 직장 같은 데에서, 그녀가 입을 댄 컵으로 물을 마시거나 여자가 먹다 남긴 음식을 먹는 식의 연기도 있다. 이러한 것은 여자의 심리적인 효과를 노린 것으로, 여자는 겉으로는 얼굴을 찡그려도 마음 속으로는 친근감을 부정할 수 없는 것이다.

그러한 것들은, 엄밀히 말하면 모성 본능과는 다를는지 모르지만 상대방으로 하여금 생리적인 공통 의식을 갖게 하는 것은 틀림없다.

여자의 모성 본능을 자극하는 방법으로 위에 든 예는 기본이며, 상황에 따라서 여러 가지 방법을 써 보는 것이 좋다.

여자의 공상력을 자극하라

남자와 여자의 경우 공상의 내용은 전혀 다르다. 남자는 같은 공상이라도 비약이 있으며, 터무니없이 실현 불가능한 공상을 하지만 여자는 연애라든가 결혼에 대해 실현성이 있는 공상을 하는 것이다. 다시 말해서 여자는 공상이라기보다 이상을 머릿속에 그리는 수가 많다. 그것을 교묘하게 자극하는 것이 이 방법이다.

'나는 27세, 입사 경력 4년의 평사원이지만 전도는 몹시 양양합니다. 왜냐하면 내 업무면에서의 수완은 과장이나 부장까지 크게 인정해 주기 때문입니다. 더구나 나는 출세 코스의 탄탄대로 위에 서 있습니다. 앞으로

10년 안에 과장은 틀림없죠. 물론 그때까지 미국이나 유럽에 2년쯤 가 있어야 하지만. 과장이 되면 다음은 차장, 그리고 부장은 저절로 되기 마련이고, 더구나 입사 동기생 중에는 라이벌이나 강적도 없습니다.

마침내 이사는 문제 없죠. 그 무렵이면 훌륭한 저택에, 자가용은 당연하지 않습니까. 나는 2세의 교육에는 비교적 까다로운 편이라서, 공부를 잘하면 일류대학을 보내겠지만 적어도 이류대학만은 반드시 졸업시키겠습니다. 이것이 나의 인생 설계이죠."

만약 이런 말로 당신이 그녀의 반응을 테스트하기 위해 사용한다면 그녀의 마음 속에서는 어떠한 생각이 일어나겠는가. 그녀가 몽상가라면 '외국 여행', 그리고 이사 부인에 훌륭한 저택, 고급 자가용차에 일류대학, 말하자면 여자가 동경할 수 있는 모든 재료가 그녀의 상상력을 크게 채워 줄 것이다.

라이벌 작전

이 방법은 예부터 흔히 쓰는 수법인데, 남자와 여자가 사랑을 하는 한 없어지지는 않는 방법이다. 이를테면 그녀와 데이트를 하는데 갑자기 깡패가 나타나서 시비를 건다. 그는 깡패와 한바탕 대결하여 멋지게 그들을 물리침으로써 그녀의 신뢰를 획득한다는 낡은 수법인 것이다. 물론 이것으로 속아넘어갈 아가씨는 요즘 거의 없다고 하겠으나, 그러나 여자를 유혹하는 테크닉으로서 이 방법은 오늘날에도 충분히 통용된다.

이를테면 여자와 커피숍에서 만나 차를 마신다. 그리고 그 자리에 우연히 딴 여자가 나타난다. 물론 상당히 세련된 여자이어야 한다는 것이 필요조건이다.

"어머, 저하고는 커피숍에서도 변변히 만나 주지 않으면서 딴 사람하고는 잘도 다니십니다."

이렇게 질투가 섞인 듯한 말을 슬쩍 던지고 곧장 사라진다. 이때 너무 집요한 것은 금물이지만 이 정도라면 그녀의 경쟁심을 자극하기에 충분하다.

"저 여자는 싫어."

당신이 훨씬 좋다는 마음을 은근히 상대방에게 전달한다. 이것만으로도 그녀의 심리는, '그는 세련되고 아름다운 여자에게 관심조차 갖지 않아. 그 여자보다는 나를 사랑하고 있어.

그에게는 내가 더 매력이 있는 거야.' 라고 생각되어, 마음 속에 라이벌에 대한 우월감과 약간의 동정심이 생겨난다. 여자는 언제나 사랑의 승리자를 꿈꾸고 있는 것이다. 지금까지 대수롭지 않던 그에게 갑자기 마음이 기울어지는 것도 그런 심리가 자극을 받았기 때문이다.

그리고 친구에게 부탁하여 자신이 목적한 여성에게 측면에서 심리적 작용을 미치게 하는 방법이 있다.

"그가 너한테 무척 관심을 갖고 있단다"라든가, '미인으로 소문난 그 아이가 그에게 열을 올리는데, 그는 돌아보지도 않지 뭐야. 네가 몹시 좋은 모양이야." 등으로 은근히 일러 줌으로써 여자의 기분은 크게 움직이는 것이다.

결정적으로 거절했다면 모르거니와, 사람이란 남이 자기에게 관심과 호의를 갖고 있는 것을 알게 되면 누구나 기분이 좋아지기 마련이다.

인간 심리의 진실은 문명이 진보하는 속도에 미치지 못하고 있다. 우주 로켓이 나는 시대라도 여자를 유혹하는 테크닉은 비약하지 못하고 있다.

애인의 관심도를 아는 방법

1. 그녀는 당신의 이성 관계에 어떠한 관심을 나타내는가. 아무 말도 하지 않을 때는 그 관찰 태도를 살핀다
2. 그녀는 당신 앞에서 교태를 부리거나 몸매에 신경을 쓰는가
3. 그녀는 당신의 신상 조사를 하는가.
4. 그녀는 평소에 당신의 동정에 관심을 보이는가
5. 그녀는 까닭 없이 자기 자신에 대해 지껄이고 싶어하는가. 자기의 결점이나 약점을 약간 과장해서 지껄이는가
6. 그녀는 자기의 장점을 선전하려 하는가

7. 그녀는 당신을 위해 거짓말을 할 수 있는가. 그리고 남의 비밀을 알려 주는가

8. 그녀는 당신의 의견에 동조하는가

9. 그녀는 당신 옷차림의 변화에 곧장 반응하는가

10. 그녀는 매사를 당신과 상의하는가

11. 그녀는 당신을 집안 식구에게 소개하고 싶어하는가

12. 그녀는 당신에 대한 소문 같은 것을 당신에게 알려 주는가

13. 그녀는 의식적으로 당신과 함께 있기를 원하는가

14. 그녀는 당신과 단 둘이 있을 때와 그리고 남이 끼어 있을 때면 당신에 대한 태도가 달라지는가

여자의 수치심을 없애라

여자는 수줍음을 잘 탄다. 수치심이 없는 여자는 여자의 가치를 상실한 것으로 생각해도 괜찮을 것이다. 여자에 따라서는 수치심의 가치를 잘 알고 있기 때문에, 그것으로 남자를 꼬는 무기로 사용하는 경우가 있다. 미니 스커트를 입은 주제에 치맛자락을 끌어내려 무릎을 가리려는 행동이 그런 것이다.

여자의 수치심의 정체는 무엇인가. 스트립 쇼를 직업으로 하는 여자도

애인에게만은 자기가 출연하는 무대를 보여 주고 싶지 않고, 자신의 누드를 보는 것에 대해 매우 수치심을 느낀다는 것이다.

이것을 심리적으로 추구해 보면, 수치심은 불안감, 경계심과 연결되는 것이라고 하겠다. 그렇기 때문에 아무리 수줍음을 잘 타는 여자라도 마음이 통하는 동성이나 어머니에게 태연스럽게 자기 맨몸을 드러난다.

처녀란 남자가 물끄러미 쳐다보기만 해도 부끄러워지는 것이다. 하물며 남자가 손을 잡거나 키스하게 되면 더욱 부끄러워질 것임에 틀림없다.

여자의 수치심을 없애려면 여자로부터 경계를 당하지 말아야 한다. 무엇보다도 여자로 하여금 안심감·신뢰감을 갖게 하는 것이 필요하다.

그리고 여자를 유혹하는 것이 곧 섹스와 결부되는 연상을 여자에게 주어서는 안 된다. 여자와 데이트가 시작되어도 처음 한동안은 일찍 집으로 돌려보내는 것이 상책이다.

당신과 헤어진 그녀의 심리에 약간의 아쉬움과 당신에 대한 깊은 신뢰감을 갖게 하는 것이다.

그렇게 평탄한 코스를 가노라면 때로는 그럴 듯한 이유로 늦는 일이 있어도 그녀는 별로 경계하지 않는다. 그러나 몇 번 접근하여 상대가 아무렇지도 않았다면 방심하는 것은 당연하지 않겠는가.

여자의 부정 반응을 어떻게 다룰 것인가

최근의 남성은 여성의 심리에 대해서 상당히 알고 있는 것 같다. 여자의 '안 돼요'를 단순한 수치심으로 생각하거나 '안 돼요'를 '안 돼지 않아요'의 반대어로 이해하여, 흔히 여자가 '안 돼요'라고 해도 그 말을 무시하고 강행하는 남자가 있다. 여자가 '안 돼요'라고 한다고 해서 곧장 물러서는 것도 시원찮은 행동이지만, 반대로 무엇이건 강행하면 되는 줄 아는 것도 이상한 이야기이다.

여자의 '안 돼요'는 결코 도덕 의식과 결부되지 않는다. 그것이 도덕에 위배되기 때문에 여자가 '안 돼요'라는 것이 아니라, 오직 수치심·불안감·경계심 등에서 나오는 경우가 많다. 결혼 첫날밤에도 수치심에서 "안 돼요" 하고 말하는 것이 여자이기도 하다.

그렇다면 이 여자의 '안 돼요'를 어떻게 다루어야 하는가. 그것은 그 정도를 판단하는 것이 가장 필요하다. 여자가 두 사람의 교제 정도를 생각하여 "아직 지금 단계로는 안 돼요."라고 하는 경우와 "안 돼지만 부끄럽다"는 수치심에 이르기까지 몇 단계가 있다.

설마 당신도 여자가 진정으로 "안 돼요" 하고 거부하는데도 계속 덤벼들지는 않을 것이다. 그래서는 여자를 유혹하는 의미도 없다. 그렇다고 해서 언제까지 기다리는 것은 젊은이답지 않다. 그 점은 역시 "안 돼요"가 여자의 아름다운 자태라고 여겨지는 때가 가장 적당한 시기일 것이다.

당신이 생각한 적당한 때에 그녀가 "안 돼요"라고 말했을 때, 그것도 거부하는 태도가 강한 경우, 당신은 어떻게 대처하면 좋겠는가. 계속해서 남자의 체면을 내세우면서 강행하겠는가.

그러나 이러한 행동은 가장 시시한 짓이다. 그렇다고 해서 일단 물러난 뒤 그녀의 비위를 맞추고 행동한다면 당신 자신이 가엾지 않겠는가.

이렇게 되면 타협하는 것이 둘을 위해 최선의 길이다. 이를테면 키스를 거부당하면 하다못해 다음을 위해서 가볍게 목덜미 정도에 키스를 해 두는 것으로 그치는 것이 좋다. 섹스의 거절이 없다면 키스 정도는 훗날을 위해 해 두는 매우 현명하다.

구애의 말

여자를 유혹하는 가장 강렬한 말은 구애의 말일 것이다. 대체로 동양의 남성들은 결혼하면 부인에게 무관심하는 경향이 있는데 외국의 남자들은 결혼 뒤에도 열심히 애정의 표현을 게을리하지 않는다. 여자는 언제나 사랑의 말에 탐욕스러운 것이다.

첫째는 칭찬, 둘째는 밀어붙이는 박력, 셋째는 무드라는 삼원칙 가운데, 첫번째 칭찬한다는 것 중에는 이 구애의 말이 들어간다. 그리고 구애의 말만큼 여자에 대해 강렬한 치명타는 없다. 이를테면 '나와 결혼해 주십시오."라고 하면 이것은 최고의 찬사가 된다.

당신에게 결혼할 의사가 없다면 이런 말은 함부로 할 수 없다. 그래서 한 단계 내려, "당신을 사랑합니다", "당신을 좋아합니다" 따위가 구애의 말이 된다.

결혼이라는 말이 여자에게 주는 효과가 최고라고 하면, 이 말은 80점 정도의 효과가 있는 것이다. 너무 남발하면 효과가 줄어든다는 사람도 있지만 여자에게 있어서 구애의 말은 매우 흐뭇한 것이다. '상대가 말하지 않아도 알고 있겠지' 하고 당신은 생각할는지 모르지만 여자란 언제나 그 말을 듣고 싶어하는 것이다.

유혹당하기 쉬운 여자

여자를 관찰할 때, 무엇보다 가장 그 여자의 긴장감·시선·분위기·품성·태도·눈치, 그리고 옷차림 등을 판단하는 것이 옳은 방법이다.

거리를 걷거나 버스를 타도 남자가 비비고 들어갈 허점이 없는 여자에게는 긴장감이 감돈다. 남자가 섣불리 말을 걸어도 곧장 따끔한 시선이 되돌아와 경멸당하기가 쉽다. 따라서 그러한 여자는 번화가 같은 곳을 어슬렁거려도 남자와 시선을 맞추거나 탐욕스런 태도, 그리고 눈치를 결코 보이지 않는다.

뒷모습에조차 허점이 엿보이지 않으며 옷차림 또한 균형이 잡힌 훌륭한 여자이다.

이러한 여자를 유혹당하기 쉬운 여자라고 생각하면 되겠다. 긴장감이 없는 여자, 시선이 일정하지 못한 여자, 남자의 시선과 똑바로 눈을 맞추는 여자, 남자의 시선을 강하게 의식한 부자연스러운 자세, 미인이지만 개성이 없는 여자, 흐트러진 걸음 자세, 앉았을 때 무릎 사이가 벌어지는 여자, 옷차림에 균형이 없는 여자, 유행에 좌우되기 쉬운 여자 등이 그 대상이 된다.

그리고 소리 높여 웃는 것은 성실성이 결여되어 있으며, 거치른 목소리의 여자는 성품도 거치른 경우가 많다. 이성의 몸과 접촉되어도 태연한 여자는 처녀성을 의심할 수가 있다. 지껄이기를 좋아하는 여자는 남자의 가치를 높이 평가하는 듯하지만 그 여자는, 지성과 교양이 빈약한 경우가 많다. 또한 남자 앞에서는 누구에게나 "부끄러워요"를 연발하면서 교태를 부리는 여자는 남자에 대해 절제가 없다고 생각하면 틀림이 없다.

유혹당하기 쉬운 타입의 여자는 남자에게 매력 없는 여자가 대부분이다. 어차피 여자를 유혹할 바에는 보다 더 훌륭한 상대를 택하는 것이 보람일 것이다.

8

상대방의 마음을 읽어 잘 다루는 방법

상대방의 성격이나 사고방식, 마음의 움직임 등이 이해되면 그 약점을 이용하여 상대방의 마음에 접근하는 것이 가능해진다.

상대의 반응을 살펴라

긍정 반응과 부정 반응

당신에게 이런 경험이 있는가. 처음 만난 사람과 대화를 나눌 경우, 상대방이 자신의 의견을 모두 거부하여 이야기가 통하지 않는다. 그리고, 사람에 따라서는 자신의 의견에 모두 찬성하여 의견의 일치를 보는 수가 있다.

사람의 마음은, 처음부터 상대방의 의견에 반대하기 시작하면 끝까지 반대하려는 경향이 있으며, 이와는 반대로 처음에 찬성하면 끝까지 찬성하게 되는 수가 있다.

이것을 심리의 '부정 반응', '긍정 반응'이라고 부른다. 이것은 상대방의 처음 생각이 자기와 같았을 경우에는 아무런 문제가 없는데, 생각이 다를 때에는 상대방에게 대항 의식을 일으키게 하기 때문에 부정 반응이 되어 버리는 것이다.

그렇기 때문에 특별히 반대할 일도 아닌데 반대하게 된다.

당신이 상대방과 이야기할 경우, 부정 반응과 긍정 반응을 염두에 두어, 자신의 생각을 함부로 꺼내지 않는 것이 중요하다. 자신의 태도로서는, 상대방의 의견을 꺼내기 위해 "이 점에 대한 생각은 어떻습니까?" 하고 상대방을 존중하는 모습으로 말문을 여는 것이 현명하다.

처음에 자신의 의견을 말하고, 상대방이 그것에 반대했을 경우는 설득하기가 몹시 힘들다. 상대방을 자신이 설득할 경우에는, 상대방도 자기 의견을 먼저 전개하는 정도이기 때문에, 어느 정도 자신도 느긋해져서 유연한 태도로 유도해 나가면, 상대방을 설득하는 데 애를 먹지 않는다.

첫인상은 몹시 중요하다

교제할 때 첫인상은 자신의 평가가 부당하게 과소평가되거나 과대평가되어도 매우 곤란한 법이다. 사람은 첫인상으로 상대방을 결정짓고 판단해 버리는 수가 많으며, 그 첫인상으로 상대방은 상대를 다룰 뿐만 아니라 그런 상태로 교제를 하게 된다.

처음부터 만만한 인간이라는 인상을 상대에게 주면 이쪽의 방법이 통하지 않게 되거나, 반대로 고자세를 취하여 과대평가를 받게 되면 생각지도 않은 신경을 써야 한다. 과대평가는 오직 짐이 될 뿐만 아니라, 그것이 벗겨졌을 때는 당장에 평가가 떨어지고 그 반동으로 인해서 상대방에게 무시당하기 쉽기 때문에 손해이다.

사람과의 교제에는 언제나 자기를 정당하게 평가받는 것이 필요하며, 교섭을 잘 성립시키기 위해 너무 나서거나, 소극적인 태도를 취하는 것도 금물이다. 그런 때에는 상대방을 추켜세우는 것보다도, 자신의 가치는 떨어뜨리지 않고 의식적으로 상대방을 과대평가한 것처럼 보이는 것이 매우 현명하다.

독선이나 반감을 품은 상대

세상에는 자신의 의견이 가장 옳다고 생각하여, 남의 말은 전혀 받아들이지 않는 독선적인 인간이 많다.

이런 상대방에게는 처음부터 반대해서는 안 된다. 이때는 상대방의 심리를 역이용하여, 오히려 그 의견을 존중해 주는 것이 현명한 방법이다. 그것이 그릇된 생각이라면 상대방은 실패할 것이며, 옳은 의견이라면 이쪽에 호의를 가질 것임에 틀림없다. 또한 이쪽은 상대방에게 아무런 감정이 없어도 상대방이 반감을 갖는 인물이 있다.

이런 때도 정면으로 내결하면 안 된다. 그런 때에는 상대방의 반감을 이쪽에서는 전혀 느끼지 못한 듯한 태도로 친근감으로써 접근하는 것이 좋다. 되도록 상대방의 의견을 지지해 주거나, 은근히 상대방을 칭찬하는 것도 좋은 방법이다.

설득은 이론보다 감정으로

상대방을 설득시킬 때, 사람들은 흔히 이론이나 이치에만 호소하는 방법을 선택하기 쉽다.

인간이란 감정의 동물이기 때문에 아무리 이치나 논리가 옳다고 해도 감정이 승복하지 않을 때에는, 결코 진정으로 찬성하고 동조했다고 말할 수 없다. 그리고 상대방이 이쪽을 좋게 생각하지 않을 때에는, 겉으로는 찬성해도 매우 불안하다.

설득은 감정이 작용토록 하는 것이 현명하다. 몹시 딱딱하게 이야기를 진행시키는 것보다 잡담이나 농담으로 상대방의 마음을 부드럽게 하면서 본론을 꺼내어 상대방을 자연스럽게 납득할 수 있도록 하는 방법이 가장 효과적이다.

특히 상대방이 여자일 경우, 여자는 감정으로 사물을 판단하기 때문에, 이치나 논리는 뒤로 돌려도 된다.

여자를 다루는 방법

　요즘은 어떤 직장이나 여자가 많기 때문에 업무면에서도 여자를 다루는 것은 매우 중요하다. 직장에서 상대하는 여자에 대해, 남자가 가장 조심해야 할 것은 상대방의 호칭일 것이다. 사십 세 가까운 올드 미스를 '아주머니' 하고, 부르면 안 된다.

　상대방은 자신의 처지를 필요 이상으로 민감하게 의식하기 때문에 그것을 자극하는 것은 스스로 상대방의 반감을 사는 결과가 된다. 올드 미스에게는 어디까지나 상대방을 존중하는 호칭을 쓰는 것이 좋겠다.

　특히 여자는 그 정도의 나이가 되면 직장에 아주 소중한 존재가 되었기 때문에 섣불리 다루면 심술궂은 일을 당할는지도 모른다.

　그리고 궂은 일에 종사하는 여자에게 함부로 부르는 것은 금물이다. 그녀들은, 그렇게 불리는 것에 강한 반발감을 느끼는 경우가 많은데 상대방의 이름을 불러 주는 것이 그녀들의 자존심을 만족시켜 주는 현명한 방법이다.

　직장에서 여자를 대할 때는 친절하게 대해 주는 것보다, 살짝 칭찬해 주는 것이 효과가 더 크다. 그렇다고 적극적으로 칭찬할 필요는 없다. 기회를 엿보아 살짝 해 두는 것이, 이쪽도 감정의 부담이 없어서 좋다.

　그리고 칭찬할 때 여자 앞에서 다른 여자를 칭찬하는 것은 좋지 않으며 어떤 여자에게도 똑같은 투의 칭찬을 늘어놓는 것은 오히려 여자를 화나

게 만든다. 역시 칭찬하는 말에도 개성이나 특징을 드러낼 필요가 있다.

그리고 올드 미스를 능숙하게 조종하려면, 그녀의 직책을 인정해 주고 업무에 보람을 느끼게 해 주는 한편, 그녀가 미혼이라는 약점을 의식하지 않게 해야 한다. 직장의 여성에게 반감을 사서 업무에 지장을 빚는 일이 없도록 조심해야 한다.

엘리트를 다루는 방법

요즘은 대학생에게 일종의 특권 의식 같은 것을 묵인하는 독특한 풍조가 존재하고 있다. 특히 일류 대학생쯤 되면 사람들이 그 지적 능력의 우수성을 높이 평가하여 그들의 엘리트 의식을 조장하는 듯한 느낌이 있다. 우리 사회는 관청이나 회사, 그리고 일류 대학 출신이 크게 활개를 치고 있는 것이 사실이다.

이 엘리트 의식을 깊이 분석해 보면, 뜻밖의 것이 있음을 알 수 있다. 엘리트 의식이란 '선택된 자' 라는 본인의 자신감과 자부심에, 또 하나 세상이 그것을 인정하고 있다는 조건이 곁들어, 생긴 심리 상태인 것이다.

엘리트 의식은 본인보다도 사회가 그와 같은 특권 의식을 그들로 하여금 갖게 하는 것이나 다름이 없다고 하겠다. 사회가 그들을 특별한 눈으로 보지 않으면 아무리 일류 대학 출신이라고 해도 엘리트 의식은 성립되지 않는다.

그런데 당신의 주위에는 일류 대학 출신뿐만 아니라 이런 엘리트 의식을 갖고 있는 사람이 반드시 있을 것이다. 그들은 지적 능력이 남보다 뛰어나며 자신도 그것을 자랑스럽게 여겨, 높은 곳에서 남을 내려다보는 그런 풍조가 있는 듯하다.

그러나 이런 타입에게도 약점이 있다. 당신이 엘리트 의식을 가진 사람과 교섭이나 교제해야 할 경우에는, 어떤 방법으로 상대를 다루는 것이 좋은가를 살펴보자. 우선 엘리트 의식에는 몇 가지 심리적인 특징이 있다.

1. 자만심이다. 이것은 사회가 그들의 능력을 인정해 줌으로써 생기는 자기 과신으로서 곧 자만심인 것이다.
2. 비상식이다. 자신의 지적 능력을 계발하기에 열중하여, 사회적 상식이 미숙하며, 또한 상식을 경멸하는 관념이 마음의 어느 한구석에서 작용하고 있다.
3. 무례이다. 자신이 항상 남보다 우수하다는 자신감을 갖고 있기 때문에, 심리적으로 항상 높은 입장에서 남과 접촉한다. 마음 속으로 상대방을 얕보고 그것이 태도에 나타난다.
4. 동료 의식이다. 엘리트 의식을 갖는 자끼리의 집단 의식으로서, 파벌 같은 것을 구성한다. 그들은 결코 독립된 외톨이로서는 존재하지 못한다.
5. 배후의 권위를 등에 업고 있다. 조직의 일원으로서 권위를 빌리는 습

성을 지닌다. 조직의 권위가 없을 경우에는 엘리트 의식은 아무런 힘이 없다.

그들에게는 이와 같은 심리구조가 있는데 그 다루는 방법을 살펴보면 자만심이 강한 그들에게는 좀처럼 찬사가 통하지 않는 수가 많다. 그들은 찬사를 당연한 것으로 받아들이고 감격하는 일이 없다. 만약 그 찬사가 간단히 통용된다면, 그 엘리트 의식은 매우 수준이 낮다고 생각해도 좋을 것이다. 그렇다고 해서, 그들을 낮게 평가하려는 태도는 찬성할 수 없다.

그들을 능숙하게 다루려면, 엘리트 의식을 소극적으로 인정해 주는 것이 현명하다. 그리고 인정해도 찬사 같은 것은 전혀 사용하지 않는다. 상대방에게 비상식적인 점이 있으면 거리낌없이 꾸짖고 무례한 태도는 이쪽에서 전혀 모른 척하는 것이 현명한 방법이다. 무례한 상대방이 그것을 느끼지 않으면 맥이 빠지기 때문이며, 이쪽에서 대항 의식을 가지면 상대방의 도발에 곧장 말려드는 꼴이 된다.

그리고 권위를 등에 업는 자는 권위에 약한 법이다. 이쪽에서 슬쩍 권위를 내세우면 태도가 달라진다. 그러나 섣불리 권위를 내세우면 상대방의 반발을 사기 때문에 슬쩍 지나가는 말처럼 비치거나 이쪽에서는 그 효과에 전혀 신경을 쓰지 않는 척해야 된다.

상대방의 약점을 이용하라

남의 약점을 알고 그것을 이용함으로써 자신을 유리하게 하려는 행위는 결코 칭찬할 일이 못 된다.

그러나 여기서 말하는 약점이란 남의 비밀을 캐내고, 그것을 미끼로 하여 상대방을 협박하여 이익을 얻으려는 것이 아니고 상대방의 약점을 은밀히 알아 둠으로써, 상대방의 마음의 움직임을 알아내고 대인 관계를 자신에게 유리하게 끌고 나가려는 전술인 것이다.

상대방이 경계심을 갖고 흥정함으로써 교섭이 잘 성립되지 않을 때, 상대방의 약점을 알고 있으면 그것을 이용하여 이야기를 유리하게 전개할 수도 있다.

여자를 좋아하는 친구 같으면 미인계를 씀으로써 형편이 상당히 호전될 수 있다는 것은 누구나 알고 있으며, 또한 누구나 그렇게 하고 있다. 인간은, 근엄한 자세를 취하면 허점이 조금도 없는 듯이 보여도 사회 생활을 영위하는 한 반드시 약점이 있는 것이다.

상대방의 지위가 높건, 능력이 뛰어나건, 조금도 두려워할 것이 없다. 틀림없이 그들에게도 약점은 있기 마련이다.

그 약점을 노리는 포인트는 다음과 같다.

1. 금전의 유혹에 약한가. 금전에는 부자와 가난한 자의 구별이 없다. 부

자라도 돈에 대단한 집념을 갖는 경우가 많기 때문이다

2. 인정에 약한가 아닌가를 살핀다

3. 권위에 약한가. 유명인이나 권력자들을 존경하거나, 두려워하는가

4. 욕구불만은 없는가. 사업·가정·애정 관계 등에 불만이 있는가

5. 열등 의식은 없는가. 업무·학력·능력·신체 등에 콤플렉스가 없는가

6. 자란 환경에 이상은 없는가. 가정의 경제 상태·분위기·교육·부모의 애정 등에 문제가 있는가

7. 과거의 경력과 사건·입시·취직·전직·연애·범죄 등의 실패 여부

8. 취미는 어떤가. 노름·술·여자·그 밖의 취미 등에서

이상의 여덟 가지 조건을 은밀히 알아보고, 상대방이 그 어느 것에 해당되는 부분이 있으면 그것을 약점으로서 응용할 수 있다.

그러면 상대방의 성격이나 사고방식, 마음 등이 이해되면 그 약점을 이용하여 상대방의 마음에 접근하는 것이 가능해진다.

부록
처세와 교훈

아무것도 숨기려고 하지 말라. 아주 하찮은 작은 것도 모두가 드러난다. 숨긴 것은 모두가 어느 시기가 되면 다 드러나고 만다. 　　공자(孔子 : 고대중국의 유교의 시조 BC 552~479)

　이상적(理想的)으로 말하면, 한 국가의 정치에도 비밀 정치는 근절돼야 한다. 뭔가를 비밀에 부쳐야 한다는 것은 그 정책을 이용해서 부당한 이익을 꾀하는 것이기 때문인데, 한 집안에서도 부모가 자식에게, 남편이 아내에게, 뭔가를 비밀에 부쳐야 하는 가정은 건전한 가정이라고 말할 수 없다. 비밀이란 언젠가 탄로나기 마련인데, 만일 그 비밀이 상대의 감정을 크게 해칠 중대한 것이라면, 그 나라 또는 그 가정은 반드시 파탄에 이른다.

가볍게 승낙하면 신의를 잃고, 쉽게 되는 것이 많으면 반드시 어려움도 많아진다.
　　　　　　　　　　　　　　　　　　　　　　　　　　　　　『노자(老子)』

　남에게서 무슨 일을 부탁받았을 때, 앞뒤를 생각지도 않고 쉽게 승낙하면 뒤에 그 약속을 못 지키게 되고 그러면 신의를 잃기 쉽다. 남에게 무슨 부탁을 받으면 간단한 문제라도 신중히 검토한 뒤, 그 다음에 승낙해야 한다. 또 남에게 무슨 부탁을 했을 때, 처음에는 잘 되는 것 같다가도 상대가 신의를 저버리면 곧 난관에 부딪치게 되는 등 어려운 고비가 닥치는 경우가 많다. 무슨 일을 하든 처음부터 안 될 때를 대비하지 않으면 안 된다. 특히 요즘 같은 '스피드 시대'에는 더욱 명심할 일이다.

자기가 원하지 않는 일은 남에게 권하지 말라. 　　　　　　『논어(論語)』

　자기가 원하지 않는 일은 다른 사람도 원하지 않을 테니까 아예 다른 사람에게 시키지 말라는 뜻이다. 흔히 직장 생활이나 단체 생활에서 선배들이 자기들이 하기 곤란한 일이 있으면 후배들에게 떠맡기고 적당히 얼버무리지만 모든 일 처리를 그런 식으로 한다면 자칫 후배는 물론, 그의 선배나 동료들의 빈축을 사게 되고 심하면 따돌림을 받는 경우도 있다. 우리가 인간관계에서 동료들에게 따돌림을 받는다는 것은 가장 위험한 일이다.

밤새도록 달(月)을 쳐다봄은 경치를 좋아해서가 아니요, 종일토록 낚시를 드리우고 있음은 물고기에 뜻이 있음이 아니다.   최역(조선 시대의 유학자, 생몰 연대 미상)

최역이 화담 서경덕의 제자로서 수업할 때 지은 시의 한 구절인데 화담이 이 시를 보고 난 후 "도체(道體)를 읊었다."라고 감탄했다 한다. 예나 지금이나 인간이 달을 쳐다보는 것은 그 달이 좋아서가 아니라 정조(情操)를 가다듬기 위해서요, 낚시를 드리우는 것은 물고기를 잡으려는 것이 아니고, 정신과 육체의 단련에 그 뜻이 있는 것이다. 이와 마찬가지로 취업이나 사업을 하는 것도 그 목적은 돈이 아니다. 정치 역시도 그 목적이 권력을 장악하는 데 있는 것이 아니고 국가와 민족을 위해서 신명을 다하는 데 있는 것이다. 요즘 졸업장에 대한 논란도 많지만 공부를 하는 것의 목적은 졸업장 취득에 있는 게 아니라는 것을 명심해야 한다.

평생을 두고 길을 양보해 보았자 백 보를 넘지 않는다. 평생을 두고 두렁을 양보해 보았자 1단보(壹段步)까지 잃지 않는다.   『당서(唐書)』

중국 당나라의 사서(史書)의 하나인 『당서』의 〈주경칙전(朱敬則傳)〉에 나오는 말이다. 남에게 양보를 해도 큰 손해가 아니다 하여 양보할 것을 권장하는 말이다. 오늘날과 같이 치열한 경쟁사회를 살아가는 우리 모두가 명심해야 할 말이다. 지나친 경쟁에서 오는 폐습은 매사에 욕심만 앞세우는 예가 많다. 예를 들면 질서에서도 문제가 많다. 자기가 좀 바쁘다고 해서 줄을 서서 기다리는 사람들 중간에 슬쩍 끼어드는 '새치기'나, 엄연히 경로석이라고 씌어 있는 버스의 좌석에 젊은 사람이 앉아서는 혹시나 자리를 양보하라고 할까 봐 두 눈을 지그시 감고 자는 척하는 그런 사람은 없어야 하겠다.

어른이나 아이에게 어떤 물건을 탐내게 하려면, 그것을 손에 넣기 어려운 것으로 생각하게 해 준다.
마크 트웨인(미국의 소설가 1835~1910)

우리에게도 많이 읽히고 있는 『톰소여의 모험』에서, 주인공 소년이 어느 날 아침 냇가로 놀러 나갈 생각을 하는데, 아주머니가 소년에게 갑자기 담장의 페인트칠을 하라고 한다. 얼마 후 친구들이 톰을 데리러 오자, 톰은 그 싫증나는 일을 친구들에게 떠맡길 생각으로, 페인트칠 일이 몹시 재미있는 척한다. 톰을 데리러 온 친구들은 그 모습을 보고는 자기들도 일을 해 보고 싶어서 저마다 "나도 좀 해 보자."라고 톰을 조른다. 아이들이 교대로 일을 하자 페인트를 칠하는 것은 금방 끝난다. 이 말은 우리에게 지혜를 가르치는 말이다.

이웃 사람을 항상 깊이 사랑하는 것은 타인의 마음인 영원한 것을 사랑하는 것이다.
마테를링크(벨기에의 시인 1862~1949)

막대한 재산을 가진 사람이 갑자기 쓰러지기도 하고 아니면 아들 대(代)에 가서 흔적도 없이 낙백(落魄)하고 마는 경우가 많다. 그런 가정의 내력을 알아보면 대개의 경우는 그 주인이 지나치게 외부와의 교제를 끊고, 축재하는 데만 주력한 나머지 인간관계의 고립을 초래했기 때문이다. 이렇게 되면 이웃 간의 인의(仁義)를 저버린 것이 드러난다. 그것은 타인들과 화합하지 못한 사람이 치러야 하는 당연한 비운이다. 그렇지 않고 평소에 이웃을 사랑과 자비로써 대하면 어떤 난관에 봉착해도 반드시 누군가의 도움을 받을 수 있다. 세상을 사는 데 있어서 혼자 산다고 생각하는 것은 위험한 생각이다. 이 세상은 혼자 사는 것이 아님을 명심해야 한다.

부하의 잘못을 자기의 책임으로 돌리는 사람은 훌륭한 지도자이다. 어리석은 지도자는 자기 잘못까지도 부하의 책임으로 돌린다. 　　마치니(이탈리아의 정치가 1805~1872)

　사람이 중요한 지위에 오르는 데는 물론 본인의 노력이 크게 필요하지만, 부하의 신망(信望)도 필요로 한다. 제아무리 요령이 좋아서 고위직에 올랐다 하더라도 부하의 신망이 없으면 그 지위에 머물 수가 없다. 부하가 협력을 하지 않으면 아무리 훌륭한 계획을 세워도 그것을 실천할 수 없고 그러다 보면 무능력자로 낙인이 찍히게 되는 것이다. 부하의 신망을 얻고 또 그들이 당신의 말에 잘 따르게 하는 방법은 부하를 진심으로 대하고, 사랑으로 대하고, 신뢰로 대하면 된다. 또 부하가 어쩌다 저지른 실수에 대해서도 부하를 책망만 하지 말고 그 책임을 자신이 진다는 생각으로 처리하면 모든 관계는 원만할 것이다.

남이 귀하게 여기는 것을 귀하게 여기지 않고, 남이 탐내는 것을 탐내지 않는다.
　　박인로(朴仁老:조선 시대의 학자 1561~1642)

　대체로 우리 인간이 고통을 느끼는 것은, 모두가 허황된 욕망에 사로잡혀서 같은 것을 서로 차지하려고 다투기 때문이다. 이 다툼이 바로 생존경쟁이라고 말할 수 있지만, 현대와 같은 물질문명 시대에는 그 경쟁 또한 사뭇 치열하고 이기심이 팽배해 있다. 각종 범죄가 줄을 잇고 있는 원인도 따지고 보면 그 경쟁의식과 이기주의가 지나치게 강해진 나머지 수단이나 방법을 가리지 않고 개인의 목적을 달성하려는 데 있다. 이래서는 개인은 물론 사회의 평화를 얻기란 요원하다 하겠다. 박인로 자신은 그의 전답을 탐내는 자에게 그 땅을 양보하고 안빈(安貧)으로 평생을 산 어진 사람이었다.

지자(智者)도 천려(千慮)에 일실(一失)이 있다.   『사기(史記)』

『사기』의 〈회음후전(淮陰侯傳)〉에 나오는 구절이다.

광무군(廣武君)은 말하였다. "지자도 천려에 반드시 일실이 있고 우자(愚者)도 천려에 반드시 일득(一得)이 있다." 사람은 아무리 아는 것이 많아도 완벽하지 못하다는 뜻이다. 당신이 무슨 일을 하든 항상 능력을 과신해서는 안 된다. 또 좀 어리석은 사람이라고 해서 그 사람을 너무 무시하지 말라는 말도 되니 될 수 있는 한 남의 말에 귀를 기울여야 한다. 요컨대 지나친 독선은 꼭 삼가야 한다.

성공하면 오래 머물지 말 것이다.   사마천(司馬遷:고대 중국의 역사가 BC 145?~86?)

『사기』의 〈채택전(蔡澤傳)〉에 나오는 구절이다.

이 당시의 성공(成功)이란 대개가 관계(官界)에서의 성공이었던 만큼, 높은 관직에 오르더라도 그 자리에 오래 머물지 말아야 한다는 뜻으로 해석된다. 그것은 중국의 역사뿐만 아니라 우리의 역사에서도 자주 봐 온 바와 같이, 높은 관직에 올랐을 때 오히려 남의 질시(嫉視)나 모함을 많이 받으므로 큰 화를 당하는 예가 많은 것을 경고한 말이라고 생각한다.

『노자(老子)』에도 비슷한 구절이 있다.

'공을 이루었을 때 이름을 거두고 물러앉는 것은 천도(天道)이다.' 그렇다. 그 이름을 더럽히지 않으려면 다음 말을 명심하자. '사람은 자기가 물러설 때를 잘 알아야 한다.' 물론 말보다 실천이 어렵기야 하지만 실천을 못할 것은 또 어디 있는가? 실천을 할 수 없는 사람이었다면 공도 세우지 못했을 것 아닌가? 욕심은 화를 낳고 화는 재앙을 부르는 것이다.

스스로 아는 자는 남을 탓하지 않는다.   『순자(荀子)』

중국 전국 시대의 유학자 순자의 말이다. 스스로 반성하고 자기의 장단점을 잘 아는 사람은 실의(失意)의 상태에 빠져도 결코 남을 탓하지 않는다는 것이다. 『회남자(淮南子)』에도 이런 구절이 있다. '자기를 잘 아는 자는 남을 탓하지 않는다.' 우리의 주위를 둘러보면, 자기가 불우한 처지에 있는 것, 또는 사업의 실패를 부모 형제나 사회의 탓으로 돌리는 사람이 적지 않은 것을 볼 수 있다. 물론 부모 형제나 또는 사회가 그 책임이 전적으로 없는 것은 아니겠지만 그것은 간접적일 뿐이다.

유쾌한 기분을 항상 유지할 수 있는 중대한 비결이 있다. 즉 쓸데없는 일에 신경을 쓰지 말고, 어떤 사소한 의무이건 그것을 다 이행하는 데서 큰 만족을 느끼는 것이다.

스마일스(영국의 사상가 1812~1904)

보수를 받으면서도 마지못해 의무를 이행하는 샐러리맨은 결코 직업에 충실할 수 없다. 어쩔 수 없어서 일하는 사람은 결코 승진할 수 없음은 물론이거니와 성공한다는 것은 엄두도 못낼 일이다. 또 근무시간에 잡담이나 공상에 젖어 있는 사람은 퇴근의 참 의미를 모르는 사람이다. 그것은 근무시간에 이미 자기의 자유시간을 가진 때문이다. 단순히 퇴근의 기쁨을 맛보고 싶으면 근무시간에 사적인 행동을 해서는 안 된다. 사소한 직무에도 자기의 정열을 다 쏟아 보라. 승진 같은 것에 신경을 쓰지 않아도 자연히 승진되는 것은 물론 많은 사람들의 존경의 대상이 될 것이다. 사장의 눈도 다른 사람의 눈과 다를 게 없다는 것을 명심하라.

마음을 정결하게 하여 모든 증오의 감정을 멀리하면 젊음은 오래 보존할 수 있다. 아름다운 부인들도 대개는 먼저 얼굴부터 나이를 먹는다. ─스탕달(프랑스의 작가 1783~1842)

여성은 대개 23, 4세가 되면 용모에 퇴화(退化)현상이 일어나는데, 그대로 퇴화하는 사람이 있는가 하면 용모는 퇴화하지만 또 다른 아름다움을 몸에 지니는 사람도 있다. "여성의 몸은 우아한 연령을 보내야 한다."라고 말하는 사람이 있다. 우아한 연령은 몸에 많이 지니면 지닐수록 그 연령만큼의 아름다움을 유지할 수 있기 때문인데, 이 우아한 연령은 마음만으로는 어렵다. 청춘의 시대부터 끊임없이 자기의 정조(情操)를 높임으로써만 가능한 것이다.

형제가 울 안에서는 싸워도 밖에서는 모욕을 막는다. ─『시경(詩經)』

'형제가 집 안에서는 저희끼리 싸워도, 밖에 나가서 그 중의 누가 모욕을 당하면 힘을 합쳐서 싸운다.'는 뜻이다. 이 말은 반드시 한 집안의 형제에게만 해당되는 것은 아니고 직장이나 사회, 민족이나 국가 등 모든 집단에 널리 적용된다. 특히 오늘날과 같이 이기주의가 팽배한 시대에 있어서는 잘난 척하는 사람일수록 자기가 속해 있는 집단 내부의 문제를 외부에 나가서까지 떠들어 대는 사람이 적지 않은데, 그래 보았자 외부에서는 대개 모멸이나 당할 뿐 별로 도움을 받지 못한다. 내부의 문제는 반드시 내부에서 해결하고, 외부의 문제에 대해서는 일치단결해야 한다.

의심은 암귀(暗鬼)를 낳는다.
열자(列子)

중국 전국 시대 초기의 철학자 열자의 철학설을 모은 『열자』에 나오는 구절이다. 사람이 마음에 의혹을 품고 있으면 어둠 속에서 존재하지도 않는 귀신의 모습을 보게 된다. 사람을 대할 때도 마찬가지로 의심을 가지고 상대하면, 자기 편일 수도 있는 사람까지 적(敵)으로 착각할 염려가 있다는 말이다.

이와 비슷한 말은 『역경(易經)』에도 나온다. '마음속에 의혹을 품고 있는 사람은 그 말이 한결같지 않다.'라고.

그리고 『사기』에도 이런 구절이 있다. '의혹을 품고 일을 하면 성공하지 못한다.'

이 세상 모든 것은 모두가 마음가짐 탓이다.
원효(元曉 : 신라의 승려 617~686)

원효가 일찍이 의상(義湘)과 함께 당나라에 가려고 당주계(唐州界)에 이르러 길가의 토굴 속에서 큰비를 피했다. 아침에 일어나 보니 그곳은 무덤 속이었고, 그 옆에는 해골이 뒹굴고 있었다. 그래서 이튿날은, 근처의 바위틈에 기대어 밤을 새웠는데, 이번에는 귀신이 나와서 크게 놀라 탄식하며 하는 말이, '전날 밤은 무덤을 토굴이라고 생각하고 잠을 잤는데도 편안하게 잘 수 있었고 간밤에는 그것을 피해 바위틈에서 잤는데도 귀신이 넘나드는 변을 당했다. 생각 따라 갖가지 일이 생기고, 생각을 없애니 토굴이나 무덤이나 구별이 없어진다. 이 세상 모든 일은 마음가짐 하나 탓이다.'

성인(聖人)은 사람을 두려워하지 않고 오직 입을 두려워한다. 진실로 입만 삼가면, 행세하는 데 무슨 두려움이 있겠는가. _{이규보(李奎報):고려 시대의 문장가 1168~1241)}

『동국이상국집(東國李相國集)』 제1권에 있는 구절이다.

이 앞에 '일언일묵(一言一黙)에 영욕(榮辱)이 달렸다.' 라는 말이 있다. 새삼 말의 중요성을 깨우쳐 주는 말이다. 그것은 동서고금을 막론하고 모든 인간관계가 말로써 잘 되기도 하고 말로써 그르치기도 하는 것이다. 특히 난세에는 말 한마디로 목숨을 잃는 예도 많이 있고, 반대로 말 한마디를 잘 해 뜻밖의 행운을 잡는 예도 많다.

위의 말은 최씨(崔氏) 무인정권 밑에서도 명성을 떨친 이규보 자신의 생생한 체험에서 우러난 말이리라.

남을 흉내내지 말라. _{이솝(고대 그리스의 우화 작가 생몰년대 미상)}

귀뚜라미의 울음소리에 반한 당나귀가 "무얼 먹고 그렇게 고운 소리를 내느냐?" 하고 물었다. 귀뚜라미는 "이슬을 먹었지요." 하고 대답했다. 귀뚜라미의 대답을 들은 당나귀는 그 날부터 이슬만 받아 먹었지만 며칠을 견디지 못하고 굶어 죽었다. 사람도 마찬가지다. 섣불리 남의 흉내를 내다가는 크게 낭패할 염려가 있다는 뜻이다.

오늘날에는 특히 예술, 체육 등 특수 분야에서 당나귀 같은 비극적인 사람들을 적지 않게 본다. 일반 사업에 있어서도 마찬가지다. 남의 사업이 잘 된다고 섣불리 달려들었다간 모든 재산을 날려 버리는, 심지어는 목숨까지도 버리는 예가 종종 있다. 자기의 소질이나 능력을 계발해서 독자적인 길을 걸어야 할 것이다.

장자(長者)의 만등(萬燈)보다 빈자(貧者)의 일등(一燈) 〈아도세왕수결경(阿闍世王受決經)〉

부자의 허영심에서 나온 많은 기진(寄進 : 물품을 기부하여 바침)보다는, 아주 적더라도 가난한 사람의 진심에서 나온 기진이 훨씬 더 소중하다는 말이다.

일찍이 중부 인도 마가타의 국왕이었으면서 석가(釋迦)의 가르침을 좇아 불교에 귀의한 아도세왕은 석가가 죽은 뒤, 석가가 전에 설법하던 기원정사(祇園精舍)에 가서 공양하고 돌아올 때 자기의 궁전까지 길가에 많은 등불을 밝히게 했다. 그때 가난한 노파 한 사람이 얼마 안 되는 돈으로 석가를 위해서 한 개의 등불을 구해 밝혀 놓았다. 얼마 후 왕이 바친 등불들은 기름이 떨어져 불이 꺼졌으나, 노파가 바친 등불만은 기름이 떨어진 뒤에도 오래도록 밝게 비쳤다는 것이다.

옛 것을 거울로 삼는 것보다 지금을 잘 살피는 것이 중요하며, 남의 일을 살피는 것보다 '나' 자신을 반성하는 것이 더 중요하다. 『일성록(日省錄)』

『일성록』은 정조(正祖)의 명에 의해 규장각(奎章閣)에서 엮은 일기체의 역사 기록이다.

옛 것을 거울 삼아 거기에 따르는 것도 좋지만, 지금의 형편을 잘 살피는 것이 더 중요하며, 남의 잘못을 살피는 것보다 나 자신의 잘못을 고치는 것이 더 중요하다는 뜻이다. 인간은 자칫하면 지난날의 관습에 젖어 답보, 나태하기 쉽고, 자기의 단점은 고치려고 하지 않고 남의 단점만 흉보는 그릇된 습성이 있다는 것을 나무라는 말이다.

마땅히 할 바를 하라(爲其訴當爲)

정상기(鄭尙驥:조선 시대의 실학자 1678~1752)

'위기소당위(爲其訴當爲)' — 이 말은 정상기 자신이 평소에 자기를 책려한 계명이다. 그 자신은 젊었을 때부터, "선비가 궁해서 집 안에만 있다 하더라도 뜻은 항상 경세제민(經世濟民)에 두어야 한다."라고 말하며, 비현실적인 또 비실용적인 문자는 일체 경계했다는 일화를 남겼다.

이런 정신을 가진 사람이었기 때문에 그 시대의 학자들이 생각지도 않았던 『동국지도(東國地圖)』를 작성하는 데 성공했는지도 모른다. 사람이 세상에 태어나서 그 뜻을 10분의 1도 이루지 못한다는 말이 있거니와 뜻은 항상 높은 곳에 두어야 한다.

숨기는 것보다 더 잘 드러나는 것은 없다. 희미한 것보다도 더 분명한 것은 없다. 그러므로 군자(君子)는 혼자일 때를 조심한다.

『중용(中庸)』

'남이 보지 않는 곳에서는 무슨 짓을 하건 상관없다.' 만일 이런 생각을 한다면 큰 잘못이다. 남이 보지 않더라도 자기가 알고 있는 이상은 분명한 사실로 존재하기 때문이다. 그리고 부정한 짓은 제아무리 남 모르게 저지른 것이라고 하더라도 살아 있는 동안은 언제나 마음속의 상처로 남아서 괴로움을 느끼게 한다. 경우에 따라서는 그 부정을 남에게 털어놓을 수도 있다. 그러므로 군자라고 할 만한 사람은 남이 보는 곳에서는 말할 것도 없고 혼자일 때도 결코 부정한 짓은 저지르지 않는 것이다.

양기(陽氣)가 발(發)하는 곳에 금석(金石)도 뚫린다. 정신(精神)이 일도(一到)하면 무슨 일이건 할 수 있다. _{주희(朱熹:중국 남송의 유학자 1130~1200)}

만물의 발생을 돕는 기운이 발동하면 쇠나 돌도 뚫리고 정신을 한 곳에 집중하면 무슨 일이건 다할 수 있다는 말이다. 우리 속담에는 '우물을 파도 한 우물을 파라.'는 말이 있다. 한 가지 일에 몰두하라는 말이다.

오늘날은 직업의 종류가 많고, 직업에 귀천(貴賤)이 없고, 또 누구나 직업 선택의 자유가 있으므로, 자칫하면 이 일 저 일 여러 가지에 손을 대는 사람들이 많다. 그 끝에 '이것도 저것도 다 실패했다. 또 다른 것에 손을 대겠다.' 하다가 인생을 실패로 끝내는 사람이 수없이 많다.

보배를 얻으려면 가죽 주머니(肉身)를 놓아 버려야 한다.
_{지눌(知訥:고려 시대의 선승 1158~1210)}

유명한 『수심결(修心訣)』에 쓰여 있는 말이다.

이 말 앞에 다음과 같은 말이 있다. "이 세상 괴롭기가 마치 불난 집과 같거늘, 어찌 그 참기 어려운 고통을 감수하기만 할 것인가? 괴로움이란 곧 헤맴이다. 헤맴에서 벗어나려면 부처님을 찾아야 한다. 부처님은 내 마음을 떠나서 따로 없다. 부처님을 어찌 밖에서 찾으려 하느냐? 내 마음을 살펴야 한다.

……부처님 말씀에, 한 생각 깨끗한 마음이 참다운 보배로다. 일곱 가지 보배로써 아무리 많은 탑을 쌓는다 해도 이만 못하다. 보탑(寶塔)은 마침내 무

너져 없어지지만 한 생각, 깨끗한 마음은 진리를 깨닫는다……."

한 마리의 개가 그림자를 보고 짖으면 만(萬) 마리의 개가 그 소리에 따라 짖는다.

『잠부론(潛夫論)』

후한(後漢)의 왕부(王符)가 엮었다는 유교적 정치론인 『잠부론』의 〈간난편(艱難篇)〉에 나오는 구절이다. 뒤이어 "한 사람이 거짓을 전하면 만(萬) 사람이 그것을 진실인 줄로 알고 그대로 퍼뜨린다"라는 말이 있다.

이른바 '테마'라는 것, 즉 어떤 목적을 위해서 날조되는 선동적인 선전은 이와 같이 인간의 공통된 약점을 타고 유포되는 것이다. 우리의 속담에 '발 없는 말이 천 리를 간다.'라는 것도 있다. '한 마리의 개가 짖는다.'고 해서 그 소리에 따라서 덩달아 '짖어 대는' 어리석음을 범하지 말고 그 그림자의 정체를 잘 파악해서 짖을 것이면 짖고 그림자면 짖을 필요가 없다.

성실(誠實)은 인간이 가질 수 있는 가장 고상한 것이다. 초서(영국의 시인 1340?~1400)

우리가 살아가는 데 가장 훌륭한 처세술은 몸으로써 성실을 다하는 것이다. 교언(巧言)으로써 남을 기쁘게 해 줘도 그 한때뿐이며 오히려 실망을 사는 수도 있다. 진심이 담긴 고언(苦言)을 하는 것은 그때 상대의 마음을 아프게는 할망정 절대로 헛되이 사라지지는 않는다. 자기가 할 일을 어떤 의무감 때문에 하는 것과 일에 대한 감사의 뜻을 가지고 성심을 다해 성실하게 하는 것은 차이가 있을 뿐만 아니라 대개의 경우 그에 상응한 대가를 받게 된다. 그런데 성실을 다하지 않고 건성으로 당신의 일생을 그르쳐서야 말이 되겠는가?

남에게 베푼 것은 반드시 생각 말라. 남에게서 은혜를 입은 것은 반드시 잊지 말라.

최원(崔瑗):중국 후한의 문장가 1795~1881)

〈설원(說苑)〉에서 인용한 구절과 다소 관련이 있다. 남에게 뭔가를 베푼 사람은 자칫하면 교만해질 위험이 있으니까, 남에게 은혜를 베풀더라도 굳이 기억하지 말고 빨리 잊으라는 뜻이다.

베푼 사람은 교만해지는 외에 보답을 기대하기 쉬운데, 그렇게 되면 상대는 은혜를 일종의 채무처럼 짐스럽게 여길 것이다. 또한 남에게서 은혜를 입은 사람은 자칫 비굴해지기 쉬우니까, 은혜 입은 것은 꼭 기억했다가 그에 보답해서 감사의 뜻을 나타내야 할 것이다. 은혜를 갚지 않으면 이것은 일종의 부채처럼 짐스러워지기 쉽다.

연속은 무슨 일에 있어서나 불쾌한 느낌을 준다. *파스칼(프랑스의 수학자·철학자 1623~1662)*

이 말 앞에 다음과 같은 말이 있다.

'웅변이 오래 계속되면 싫증난다. 군주(君主)나 국왕(國王)은 때로 유락(遊樂)한다. 그들은 너무 오래 그 자리에 있어서는 안 된다. 그들은 거기에 싫증낸다. 위대함을 느끼게 하기 위해서는 그곳을 떠날 필요가 있다……'

우리말에 '물린다'는 말이 있다. 제아무리 좋은 것이라도 너무 오래 반복되면 싫증이 나다 못해 진저리가 쳐진다는 뜻의 말이다. 그러니까 제아무리 뛰어난 웅변가일지라도 적당히 끊을 줄 알아야 하고, 가수나 무용가도 한두 번 정도의 앙코르에 응해야 하고, 사회의 어떤 부분에서나 왕좌에 오른 자는 그 자리에 너무 오래 앉아 있어선 안 된다.

위험을 예견하고, 그것에 몸을 던지기에 앞서 그것을 두려워할 필요는 없다. 그러나 그것에 빠져들어간 때는 위험을 경멸하는 수밖에 다른 도리가 없다.

페넬롱(프랑스의 성직자·사상가 1651~1715)

예나 지금이나 우리 인간의 생활에는 허다한 위험이 있다. 그 위험에 직면했을 때는 그것이 얼마나 두려운가를 깨닫고, '돌다리도 두드려 건너가는' 식으로 매우 신중을 기하지 않으면 안 된다.

손자의 말에도 '상대를 알고 나를 알면 백전 백승'이라고 말했잖은가. 그러나 일단 위험에 뛰어든 때는 그것을 극복하는 데만 주력해야 한다. 그렇지 않고 자꾸 두려움만을 느끼면 그 위험은 결코 극복할 수 없을 것이다.

남에게 의지하지 말라.

한비자(韓非子 중국의 사상가 ?~BC 233)

우리의 주위에서는, 특히 사업에 실패한 사람일수록, '남을 믿었다가 낭패를 보았다.'는 말을 하는 것을 흔히 듣게 된다.

본래 인간에게는 생존을 위한 이기적인 본능이 강하거니와, 특히 오늘날과 같이 개인간의 경쟁이 심하고 이기주의가 팽배한 시대에 있어서는 저마다 자기중심적인 면이 강하다. 그러니까 매사를 자기에게 유리한 방향으로 끌어나가려 애쓰고, '남을 위해서'라는 것은 좀처럼 생각하지 않게 되어, 그만큼 남의 사업이나 입장에 대해 비협조적인 경향이 강하다.

온갖 부정(不正)이 격증하는 것도 그런 데 원인이 있다. 그러므로 그러한 사람들에게 의지한다면 십중팔구는 잘 될 일도 잘 안 되어 나가는 것이다.

사람의 미혹(迷惑)에 세 가지가 있으니, 식색(食色)에 혹하면 집안을 망치고, 이권(利權)에 혹하면 나라를 망치고, 도술(道術)에 혹하면 천하를 망친다.

홍대용(洪大容:조선 시대의 북학파 학자 1731~1783)

우리가 인생에서 어떤 보람을 느끼는 것은 국가, 사회 또는 인류에 어떤 형태로든 다소나마 이바지했을 경우이다. 이를테면 농부는 식량 공급으로, 상인은 상품 공급으로, 학자는 지식 공급으로, 정치가는 질서를 바로잡는 것으로 인생의 보람을 느끼는 것이다. 그러나 식색, 이권, 도술 등 부질없는 것에 사로잡히면 오히려 자기 일신은 물론 집안이나, 나라나, 천하를 망치는 등 국가, 사회나 인류에 피해를 끼칠 뿐 아니라 자기 인생에 아무 보람도 느끼지 못하게 되는 것이다.

비녀로써 지붕을 떠받쳐선 안 된다.
『회남자(淮南子)』

한 고조(漢高祖)의 손자에 해당하는 유안(劉安)의 저작을 한데 모은 『회남자』의 〈제속훈(齊俗訓)〉에 이렇게 서술되어 있다.

'우자(愚者)도 익힌 것이 있다. 지자(智者)도 부족한 것이 있다. 기둥으로써 이를 쑤셔선 안 된다. 비녀로써 지붕을 떠받쳐선 안 된다. ……납으로써 칼을 만들어선 안 된다. 구리로써 활을 만들어선 안 된다. 쇠로써 배를 만들어선 안 된다. 나무로써 솥을 만들어선 안 된다. 각각 그것이 맞는 곳에 쓰고 그것이 필요한 곳에 주라.'

인재(人材)를 비롯해서 모든 사물은 무엇이나 다 적합한 곳에 써야 한다는 가장 낡은, 그러나 오늘날에도 소홀히 할 수 없는 뜻깊은 말이다.

유언(遺言)은 지자(智者)에게서 멎는다.　　　　　순자(荀子 : 중국의 유학자 BC 298?~238?)

'유언, 즉 소문이란 것은 서슴없이 퍼져간다. 그러나 성자나 현인은 그것에 대해 말하지도, 전하지도 않기 때문에 그것은 여기에서 멎는다.' 라고 한다.

중국의 학자 구양수는 "소문 같은 것을 믿어서는 안 된다."라고 『춘추론』에서 말했다. 소문 등을 믿고 '부화뇌동(附和雷同) 하지 말라.' 는 뜻이리라.

사마천이 편집한 『사기』에도 '군자는 교류를 끊을지라도 나쁜 말은 하지 않는다.' 는 말이 있다. 이 또한 '성인 군자는 가령 우정이 무너져도 교류를 끊을지언정 결코 나쁜 소문 따위는 흘리지 않는다.' 는 뜻으로 현명한 처신을 하도록 이른 말이다. 그러나 유감스럽게도 평범한 소인들은 '한 마리 개가 짖으면 백 마리의 개가 따라 짖는다.' 는 말처럼 한 사람이 유언비어를 유포하면 많은 사람들도 습관에 젖어서, 따라 전하며 살아가기 십상인 것이 현실이다.

어려서 겸손해져라. 젊어서 온화해져라. 장년에 공정해져라. 늙어서는 신중해져라.

소크라테스(고대 그리스의 철학자 BC 470~399)

서양(西洋)의 성현(聖賢)인 소크라테스는 사람이 한평생을 살면서 지켜야 할 도리를 네 시기로 구분해서 각기 한 가지씩을 예로 들었는데, 동양(東洋)의 성현(聖賢)인 공자는 익히 알고 있듯이 자신의 경우를 들어 인생의 그 시기를 여섯으로 구분해서 그때마다 해야 할 일을 이르고 있다.

'열다섯에는 배움에 뜻을 두고, 서른에 뜻을 세우고, 마흔에 모든 사리에 의혹하지 않고, 쉰에는 천명을 알고, 예순에는 모든 일을 들어 저절로 알게 되고, 일흔에는 마음에 하고자 하는 것을 좇아 법규를 넘지 아니하였다.'

천리마는 항상 있지만 그것을 찾아내는 사람은 항상 있는 것이 아니다.

한유(韓愈·중국 당나라의 문장가 768~824)

　　당송 팔대가의 한 사람으로 문장에 뛰어났던 한유는 비유어에 능했다고 한다. '천리 길을 하루에 달리는 훌륭한 말은 언제나 있지만 그 좋은 말을 찾아내는 사람은 언제나 있는 것이 아니다.'라는 이 말은 훌륭한 인재는 언제나 있지만, 사리를 잘 아는 윗사람이 있어서 그 능력을 발휘할 수 있도록 발탁하지 않으면, 모처럼 찾은 귀한 인재도 키우지 못한다는 비유다. 같은 시대의 두보도 역시 "재목이 크면 일하기가 어렵다."라고 노래했는데 이것은 큰 인물은 그 사람의 재능을 알아주는 사람이 적어서 적재적소에 앉히지 못한다는 말이다.

　　독일 시인 하이네도 '사상은 눈에 보이지 않는 자연, 자연은 눈에 보이는 사상'이라고 했다. 동서고금을 막론하고 현명한 사람은 자연의 이치를 꿰뚫어 볼 능력을 지니고 있는 듯하다.

문(問) : 급할 때는 무엇을 하는 것이 제일 좋은가.
답(答) : 아무 일도 하지 않는 것이다.

톨스토이(러시아의 작가 1828~1910)

　　아무리 바빠도 '실을 바늘허리에 꿰어 쓸 수는 없다.'라고 했는가 하면 '아는 길도 물어 가라.'고도 했다. 사람이 제아무리 '생각하는 동물'이라지만 사실 마음이 급해지면 이성(理性)이 제 기능을 발휘하기 어렵다. 친한 사람에게 우를 범하거나 다급한 상황에서 예상치도 못한 일을 행하는 것을 자주 보게 된다. 친근할수록 예의를 지킬 것이며 다급할수록 주도면밀한 계획하에 일을 진행시켜야 할 것이다. 톨스토이가 '아무 일도 하지 말라'는 말은 멍청히 있으라는 얘기보다는 한 번 더 생각할 기회를 가지라는 뜻이 더 강하다.

돈을 지나치게 많이 갖고 있는 건 돈을 지나치게 못 가진 것보다도 훨씬 괴로운 것이다. *하이네(독일의 시인 1797~1856)*

가진 것이 없는 사람은 '언제 잃을까' 염려하지 않아도 되지만, 많이 가진 사람은 잃을 것을 염려하는 것은 물론 더 많이 가지기 위해서 걱정하게 되는 법이다. '바쁘게 달려와, 바쁘게 죽어 가는' 삶이지만 인간은 한순간을 살아가기 때문에 한순간의 욕심을 버리지 못하면 평생을 그 욕심과 아집 속에 살아가게 되는 것이다. 지나치게 경제적인 면을 무시하고 살아갈 수는 없지만 거기에 얽매여 우리의 짧은 인생을 허비해 버릴 수는 없는 노릇이잖는가?

버리는 것이 얻는 것이다. *타고르(인도의 시인·사상가 1861~1941)*

우리의 영혼은 오직 영혼 그 자체를 거부함으로써만 진정으로 영혼 자체를 깨달을 수 있다. 우파니샤드에서는 이렇게 말한다.

'그대는 버림으로써 얻을 것이다. 그대는 탐내지 말아야 한다.'

『기타(Gita)』에서 우리는 모든 결과를 노리는 온갖 탐욕을 버리고 공평무사하게 일하라는 충고를 받는다. 많은 문외한들은 이 세계에 대한 개념이 인도에서 어떤 비현실적인 것으로 설교되는, 소위 공평무사의 근저에 가르침이 놓여 있는 것쯤으로 결론 내린다.

굳이 타고르의 우파니샤드적 해설이 아니더라도 '버리는 것이 얻는 것'임은 인류 역사를 거듭해 오면서 깨우친 것이다.

화폐는 번식력을 갖고 있다.　　　　　프랭클린(미국의 정치가·과학자 1707~1790)

그의 자서전에서 이렇게 말하였다. 이것은 돈의 가장 큰 특질이라고 하겠다. 영국의 박물학자인 레이가 말했다고 전해지는 '돈이 돈을 낳는다.'는 말과 같다. 이 사실은 고대 로마 시대부터 있었던 것 같다. 고대 로마 희극 작가 플라우투스는 '돈을 벌고 싶으면 돈을 쓰지 말아야 한다.'고 쓰고 있다. 돈으로 돈을 늘린다는 것은 물론 은행에 예금해서 이자를 얻는다는 것만이 아니다. 남의 사업에 투자하려고 해도, 스스로 시설을 만들어 거기에서 보다 많은 수익을 올리려고 해도, 먼저 돈이 있어야 그 힘으로 더 많은 돈을 낳게 되는 것이다. 그러나 이 금리 사상은 고대부터 죄악시되어 왔다.

아리스토텔레스는 '마치 돈이 번식 능력이 있는 것처럼 보여, 돈이 돈을 낳게 하는 것은 부자연스럽다.'고 『정치학』에서 말하고 있다.

현자(賢者)는 새로운 사상을 생각해 내고, 우인(愚人)은 그것을 편다.

하이네(독일의 시인 1797~1856)

현자와 지자에 관한 속담이나 경구는 수도 없이 많다. '지자도 천 번 생각하는 데 반드시 실수가 한 번 있다. 우자도 천 번 생각하면 얻는 것이 하나 있다.'라는 사마천의 얘기도 그 중 하나다. 이것은 지혜가 뛰어난 자라도 많은 것을 생각하는 사이에 하나쯤 잘못이 있을 수 있으며, 또 언제나 실패만 하고 있는 어리석은 사람도 때로는 훌륭한 것을 생각해 낼 수가 있다는 말인데, 모든 것이 절대적은 아니라는 뜻이다. '개도 쏘다니면 몽둥이를 맞는다.'는 말처럼 지자나 우자도 같다는 것이다.

같은 시대의 시인 굴원의 다음 말도 의미가 같다. '척(尺)도 짧은 때가 있고 촌(寸)도 길 때가 있다.' 척은 현자를, 촌은 우자를 비유한 것이다. 그러나 어느 쪽이나 이것은 때로는 그런 일이 있을 수 있다는 말일 뿐이다.

현자가 우자로, 우자가 현자로 된다는 가능성을 말하는 것은 아니다. 공자는 『논어』에서 "상지(上智)와 하우(下愚)는 바뀌지지 않는다."라고 말하였다. 아무리 교육을 해도 수재를 우자로, 우자를 수재로 만들 수는 없다는 말이다.

하루는 일생이다. 선한 일생이 있음과 같이 선한 하루가 있다. 악한 일생이 있음과 같이 악한 하루가 있다. 하루를 짧은 인생으로 보아 이것을 소홀히 할 수 없음을 알게 된다.

〈내촌감삼(內村鑑三)〉

시간(時間)이란 원래 없는 것인지도 모른다. 있는 것은 오직 한순간뿐이다. 그리고 그곳 즉 그 한순간에 우리의 전 생활이 있다. 그러므로 이 순간에 있어서 우리는 모든 힘을 발휘하여야 한다. 선악(善惡)에 있어서도 그 한순간만 우리는 자신과 우주 앞에 선해지면 되는 것이다.

그런데도 왜 우리가 선해지기 위해서는 정신력과 육체의 힘과 영혼의 힘까지 합쳐 전력(全力)이 필요한 것일까? 아마도 신은 어느 한 곳이 아니라 모든 부분에 걸쳐 주재(主宰)하는 까닭일 것이다. 물론 그 반대의 악(惡)의 세력도 마찬가지겠지만.

상대방의 마음을 읽는 기술

- 2014년 3월 5일 초판 1쇄 발행
- 2014년 10월 25일 초판 2쇄 발행

- 편   저 유종문
- 펴 낸 이 박효완
- 디 자 인 김영숙
- 기   획 아이템닷컴
- 펴 낸 곳 아이템북스

- 출판등록 2001년 8월 72일
- 등록번호 제2-3387호
- 주   소 서울특별시 마포구 서교동 444-15

※ 파본이나 잘못된 책은 교환해 드립니다.